DIVERSES TAXES DU PAIN.

BARÊME DU BOULANG[illegible]

OU

COMPTES FAITS

SELON

LES DIVERSES TAXES DU P[illegible]

PAR UN BOULANGER DE BORDEAUX.

BORDEAUX
IMPRIMERIE DU COMMERCE. — CRUZEL, RUE DES [illegible]
1847.

8

7

DIVERSES TAXES DU PAIN.

BARÊME DU BOULANGER

OU

COMPTES FAITS

SELON

LES DIVERSES TAXES DU PAIN,

PAR UN BOULANGER DE BORDEAUX.

Prix : 4 Francs.

Cet ouvrage se trouve au Bureau de l'*Écho de la Boulangerie*, quai Bourgogne, n° 47, à Bordeaux.

BORDEAUX
IMPRIMERIE DU COMMERCE. — CRUZEL, RUE DES AYRES, 28.
1847.

DIVERSES FABRICATIONS

BARÈME DU BOU[LANGER]

SOUPE ...

AUX NOUVEAUX TARIFS

PAR UN BOULANGER DE BORDEAUX

Prix : 1 Franc

Cet ouvrage se trouve au Bureau de l'Octroi de la Boulangerie, ...

BORDEAUX

IMPRIMERIE DU COMMERCE. — CHAZ...

1847

PRÉFACE.

Cet ouvrage, que j'offre à mes confrères, a pour but de faciliter avec promptitude leurs comptes.

Ce travail embrasse toutes les taxes du pain par centimes et fractions de centimes.

On trouvera dans ces tableaux que le prix des volumes de pain blanc de 1 kilog. (quatrième colonne) est porté à 5 c. le kilog. de plus que le prix taxé; ceci doit être, puisque le prix de vente en est facultatif.

Ma longue expérience m'a fait reconnaître que 9 pains de 1 kilog. doivent rapporter autant que 10 kilog. de pain en un seul volume, par le motif qu'il entre autant de quantité de pâte dans 9 pains de 1 kilog. que dans un seul pain de 10 kilog.

Quant aux choines de 500 grammes, ou une livre, j'ai fait deux tableaux pour tous les prix variant de 2 c. 1/2 de l'un à l'autre, et jusqu'au nombre de 100 volumes gradués par unité jusqu'à 5 et ensuite de 5 en 5 jusqu'à 100.

Le pain second, ou intermédiaire, suit le prix des différentes taxes, de 10 kilog. à 1 kilog.

Pour les localités où l'on fait du pain de 6 kilog., ou 12 livres, et de 8 kilog., ou 16 livres, j'ai fait 4 tableaux pour les pains de 6 kilog., et 4 autres tableaux pour les pains de 8 kilog., à tous les prix, depuis 20 c. à 68 c. 3/4 le kilog.

Je ne me suis pas occupé du pain bis, persuadé qu'un très-petit nombre de boulangers en fabriquent; d'ailleurs, les tableaux du pain second ou intermédiaire pourront servir pour cette qualité.

J'ose espérer que mes confrères accueilleront avec plaisir mon travail, je ne l'ai fait que dans l'espoir de leur être utile.

Taxe du Pain Blanc à 25 c. le kilogr.				
NOMBRE de volumes	MICHES			
	DE 5 KILOG.	DE 3 KILOG.	DE 2 KILOG.	DE 1 KILOG.
1	1 25	″ 75	″ 50	″ 30
2	2 50	1 50	1 ″	″ 60
3	3 75	2 25	1 50	″ 90
4	5 ″	3 ″	2 ″	1 20
5	6 25	3 75	2 50	1 50
6	7 50	4 50	3 ″	1 80
7	8 75	5 25	3 50	2 10
8	10 ″	6 ″	4 ″	2 40
9	11 25	6 75	4 50	2 70
10	12 50	7 50	5 ″	3 ″
11	13 75	8 25	5 50	3 30
12	15 ″	9 ″	6 ″	3 60
13	16 25	9 75	6 50	3 90
14	17 50	10 50	7 ″	4 20
15	18 75	11 25	7 50	4 50
16	20 ″	12 ″	8 ″	4 80
17	21 25	12 75	8 50	5 10
18	22 50	13 50	9 ″	5 40
19	23 75	14 25	9 50	5 70
20	25 ″	15 ″	10 ″	6 ″

Taxe du Pain Second à 20 c. le kilogr.					
NOMBRE de volumes	PAINS				
	DE 10 KILOG	DE 5 KILOG.	DE 3 KILOG.	DE 2 KILOG.	DE 1 KILOG.
1	2 ″	1 ″	″ 60	″ 40	″ 20
2	4 ″	2 ″	1 20	″ 80	″ 40
3	6 ″	3 ″	1 80	1 20	″ 60
4	8 ″	4 ″	2 40	1 60	″ 80
5	10 ″	5 ″	3 ″	2 ″	1 ″
6	12 ″	6 ″	3 60	2 40	1 20
7	14 ″	7 ″	4 20	2 80	1 40
8	16 ″	8 ″	4 80	3 20	1 60
9	18 ″	9 ″	5 40	3 60	1 80
10	20 ″	10 ″	6 ″	4 ″	2 ″
11	22 ″	11 ″	6 60	4 40	2 20
12	24 ″	12 ″	7 20	4 80	2 40
13	26 ″	13 ″	7 80	5 20	2 60
14	28 ″	14 ″	8 40	5 60	2 80
15	30 ″	15 ″	9 ″	6 ″	3 ″
16	32 ″	16 ″	9 60	6 40	3 20
17	34 ″	17 ″	10 20	6 80	3 40
18	36 ″	18 ″	10 80	7 20	3 60
19	38 ″	19 ″	11 40	7 60	3 80
20	40 ″	20 ″	12 ″	8 ″	4 ″

Taux du Pain Blanc à 25 c. ½ le kilog.

	RICHES							
	de 5 kilog.	de 4 kilog.	de 3 kilog.	de 2 kilog.	de 1 kilog.		de 10 kilog.	
1	[illegible]	[illegible]	[illegible]	[illegible]	[illegible]	1	[illegible]	[illegible]
2	[illegible]	[illegible]	[illegible]	[illegible]	[illegible]	2	[illegible]	[illegible]
3	[illegible]	[illegible]	[illegible]	[illegible]	[illegible]	3	[illegible]	[illegible]
4	[illegible]	[illegible]	[illegible]	[illegible]	[illegible]	4	[illegible]	[illegible]
5	[illegible]	[illegible]	[illegible]	[illegible]	[illegible]	5	[illegible]	[illegible]
6	[illegible]	[illegible]	[illegible]	[illegible]	[illegible]	6	[illegible]	[illegible]
7	[illegible]	[illegible]	[illegible]	[illegible]	[illegible]	7	[illegible]	[illegible]
8	[illegible]	[illegible]	[illegible]	[illegible]	[illegible]	8	[illegible]	[illegible]
9	[illegible]	[illegible]	[illegible]	[illegible]	[illegible]	9	[illegible]	[illegible]
10	[illegible]	[illegible]	[illegible]	[illegible]	[illegible]	10	[illegible]	[illegible]
11	[illegible]	[illegible]	[illegible]	[illegible]	[illegible]	11	[illegible]	[illegible]
12	[illegible]	[illegible]	[illegible]	[illegible]	[illegible]	12	[illegible]	[illegible]
13	[illegible]	[illegible]	[illegible]	[illegible]	[illegible]	13	[illegible]	[illegible]
14	[illegible]	[illegible]	[illegible]	[illegible]	[illegible]	14	[illegible]	[illegible]
15	[illegible]	[illegible]	[illegible]	[illegible]	[illegible]	15	[illegible]	[illegible]
16	[illegible]	[illegible]	[illegible]	[illegible]	[illegible]	16	[illegible]	[illegible]
17	[illegible]	[illegible]	[illegible]	[illegible]	[illegible]	17	[illegible]	[illegible]
18	[illegible]	[illegible]	[illegible]	[illegible]	[illegible]	18	[illegible]	[illegible]
19	[illegible]	[illegible]	[illegible]	[illegible]	[illegible]	19	[illegible]	[illegible]
20	[illegible]	[illegible]	[illegible]	[illegible]	[illegible]	20	[illegible]	[illegible]

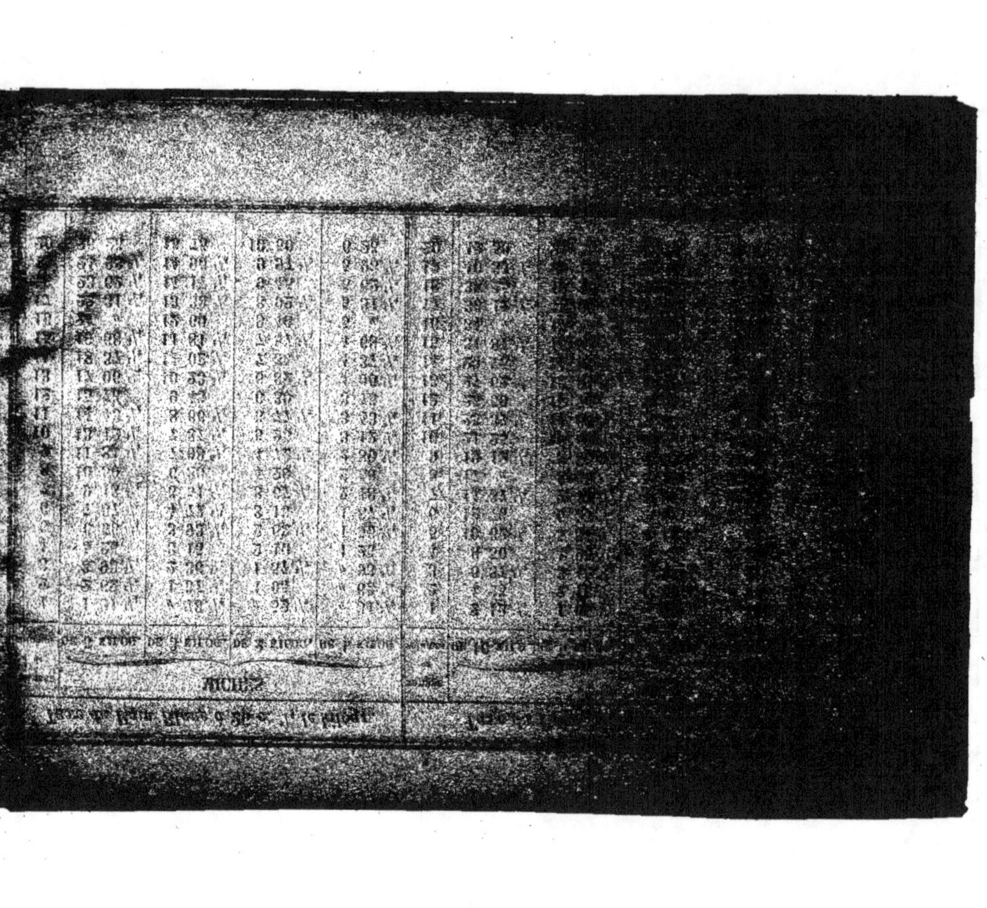

Taxe du Pain Blanc à 27 c. ½ le kilogr.

NOMBRE de volumes	MICHES DE 5 KILOG.	DE 3 KILOG.	DE 2 KILOG.	DE 1 KILOG.
1	1 37 ½	″ 82 ½	″ 55	″ 32 ½
2	2 75	1 65	1 10	″ 65
3	4 12 ½	2 47 ½	1 65	″ 97 ½
4	5 50	2 30	2 20	1 30
5	6 87 ½	4 12 ½	2 75	1 62 ½
6	8 25	4 95	3 30	1 95
7	9 62 ½	5 77 ½	3 85	2 27 ½
8	11 ″	6 60	4 40	2 60
9	12 37 ½	7 42 ½	4 95	2 92 ½
10	13 75	8 25	5 50	3 25
11	15 12 ½	9 07 ½	6 05	3 57 ½
12	16 50	9 90	6 60	3 90
13	17 87 ½	10 72 ½	7 15	4 22 ½
14	19 25	11 55	7 70	4 55
15	20 62 ½	12 37 ½	8 25	4 87 ½
16	22 ″	13 20	8 80	5 20
17	23 37 ½	14 02 ½	9 35	5 52 ½
18	24 75	14 85	9 90	5 85
19	26 12 ½	15 67 ½	10 45	6 17 ½
20	27 50	16 50	11 ″	6 50

Taxe du Pain Second à 22 c. ½ le kilogr.

NOMBRE de volumes	PAINS DE 10 KILO.	DE 5 KILOG.	DE 3 KILOG.	DE 2 KILOG.	DE 1 KILOG.
1	2 25	1 12 ½	″ 67 ½	″ 45	″ 22 ½
2	4 50	2 25	1 35	″ 90	″ 45
3	6 75	3 37 ½	2 02 ½	1 35	″ 67 ½
4	9 ″	4 50	2 70	1 80	″ 90
5	11 25	5 62 ½	3 37 ½	2 25	1 12 ½
6	13 50	6 75	4 05	2 70	1 35
7	15 75	7 87 ½	4 72 ½	3 15	1 57 ½
8	18 ″	9 ″	5 40	3 60	1 80
9	20 25	10 12 ½	6 07 ½	4 05	2 02 ½
10	22 50	11 25	6 75	4 50	2 25
11	24 75	12 37 ½	7 42 ½	4 95	2 47 ½
12	27 ″	13 50	8 10	5 40	2 70
13	29 25	14 62 ½	8 77 ½	5 85	2 92 ½
14	31 50	15 75	9 45	6 30	3 15
15	33 75	16 87 ½	10 12 ½	6 75	3 37 ½
16	36 ″	18 ″	10 80	7 20	3 60
17	38 25	19 12 ½	11 47 ½	7 65	3 82 ½
18	40 50	20 25	12 15	8 10	4 05
19	42 75	21 37 ½	12 82 ½	8 55	4 27 ½
20	45 ″	22 50	13 50	9 ″	4 50

Taxe du Pain Blanc à 26 c. ¼ le kilogr.

NOMBRE de volumes	MICHES DE 5 KILOG.	MICHES DE 3 KILOG.	MICHES DE 2 KILOG.	MICHES DE 1 KILOG.
1	1 31 ¼	〃 78 ¾	〃 52 ½	〃 31 ¼
2	2 62 ½	1 57 ½	1 05	〃 62 ½
3	3 93 ¾	2 36 ¼	1 57 ½	〃 93 ¾
4	5 25	3 15	2 10	1 25
5	6 56 ¼	3 93 ¾	2 62 ½	1 56 ¼
6	7 87 ½	4 72 ½	3 15	1 87 ½
7	9 18 ¾	5 51 ¼	3 67 ½	2 18 ¾
8	10 50	6 30	4 20	2 50
9	11 81 ¼	7 08 ¾	4 72 ½	2 80 ¼
10	13 12 ½	7 87 ½	5 25	3 12 ½
11	14 43 ¾	8 66 ¼	5 77 ½	3 43 ¾
12	15 75	9 45	6 30	3 75
13	17 06 ¼	10 23 ¾	6 82 ½	4 06 ¼
14	18 37 ½	11 02 ½	7 35	4 37 ½
15	19 68 ¾	11 81 ¼	7 87 ½	4 68 ¾
16	21 〃	12 60	8 40	5 〃
17	22 31 ¼	13 38 ¾	8 92 ½	5 31 ¼
18	23 62 ½	14 17 ½	9 45	5 62 ½
19	24 93 ¾	14 96 ¼	9 97 ½	5 93 ¾
20	26 25	15 75	10 50	6 25

Taxe du Pain Second à 21 c. ¼ le kilogr.

NOMBRE de volumes	PAINS DE 10 KILO.	PAINS DE 5 KILOG.	PAINS DE 3 KILOG.	PAINS DE 2 KILOG.	PAINS DE 1 KILOG.
1	2 12 ½	1 06 ¼	〃 63 ¾	〃 42 ½	〃 21 ¼
2	4 25	2 12 ½	1 27 ½	〃 85	〃 42 ½
3	6 37 ½	3 18 ¾	1 91 ¼	1 27 ½	〃 63 ¾
4	8 50	4 25	2 55	1 70	〃 85
5	10 62 ½	5 31 ¼	3 18 ¾	2 12 ½	1 06 ¼
6	12 75	6 37 ½	3 82 ½	2 55	1 27 ½
7	14 87 ½	7 43 ¾	4 46 ¼	2 97 ½	1 48 ¾
8	17 〃	8 50	5 10	3 40	1 70
9	19 12 ½	9 56 ¼	5 73 ¾	3 82 ½	1 91 ¼
10	21 25	10 62 ½	6 37 ½	4 25	2 12 ½
11	23 37 ½	11 68 ¾	7 01 ¼	4 67 ½	2 33 ¾
12	25 50	12 75	7 65	5 10	2 55
13	27 62 ½	13 81 ¼	8 28 ¾	5 52 ½	2 76 ¼
14	29 75	14 87 ½	8 92 ½	5 95	2 97 ½
15	31 87 ½	15 93 ¾	9 56 ¼	6 37 ½	3 18 ¾
16	34 〃	17 〃	10 20	6 80	3 40
17	36 12 ½	18 06 ¼	10 83 ¾	7 22 ½	3 61 ¼
18	38 25	19 12 ½	11 47 ½	7 65	3 82 ½
19	40 37 ½	20 18 ¾	12 11 ¼	8 07 ½	4 03 ¾
20	42 50	21 25	12 75	8 50	4 25

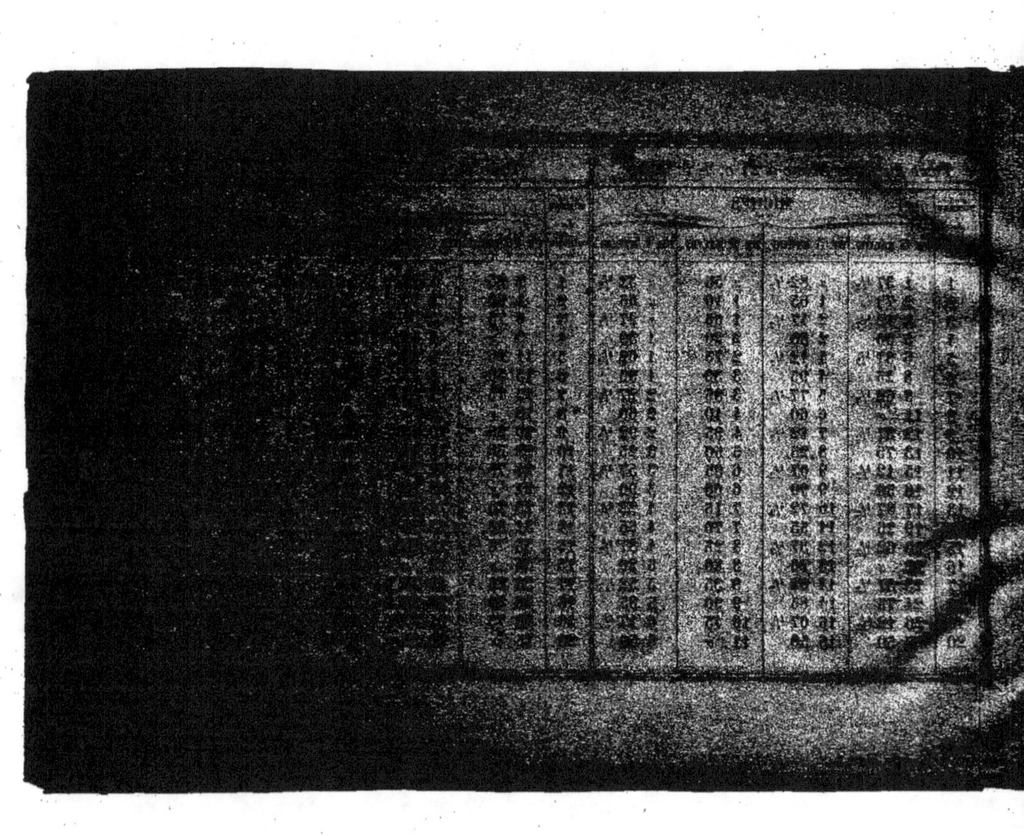

Taxe du Pain Blanc à 28 c. 3/4 le kilogr.				
NOMBRE de volumes.	MICHES			
	DE 5 KILOG.	DE 3 KILOG.	DE 2 KILOG.	DE 1 KILOG.
1	1 43 3/4	〃 86 1/4	〃 57 1/2	〃 33 3/4
2	2 87 1/2	1 72 1/2	1 15	〃 67 1/2
3	4 31 1/4	2 58 3/4	1 72 1/2	1 01 1/4
4	5 75	3 45	2 30	1 35
5	7 18 3/4	4 31 1/4	2 87 1/2	1 68 3/4
6	8 62 1/2	5 17 1/2	3 45	2 02 1/2
7	10 06 1/4	6 03 3/4	4 02 1/2	2 36 1/4
8	11 50	6 90	4 60	2 70
9	21 93 3/4	7 76 1/4	5 17 1/2	3 03 3/4
10	14 37 1/2	8 62 1/2	5 75	3 37 1/2
11	15 81 1/4	9 48 3/4	6 32 1/2	3 71 1/4
12	17 25	10 35	6 90	4 05
13	18 68 3/4	11 21 1/4	7 47 1/2	4 38 3/4
14	20 12 1/2	12 07 1/2	8 05	4 72 1/2
15	21 56 1/4	12 93 3/4	8 62 1/2	5 06 1/4
16	23 〃	13 80	9 20	5 40
17	24 43 3/4	14 66 1/4	9 77 1/2	5 73 3/4
18	25 87 1/2	15 52 1/2	10 35	6 07 1/2
19	27 31 1/4	16 38 3/4	10 92 1/2	6 41 1/4
20	28 75	17 25	11 50	6 75

Taxe du Pain Second à 23 c. 3/4 le kilogr.					
NOMBRE de volumes	PAINS				
	DE 10 KILOG	DE 5 KILOG.	DE 3 KILOG.	DE 2 KILOG	DE 1 KILOG.
1	2 37 1/2	1 18 3/4	〃 71 1/4	〃 47 1/2	〃 23 3/4
2	4 75	2 37 1/2	1 42 1/2	〃 95	〃 47 1/2
3	7 12 1/2	3 56 1/4	2 13 3/4	1 42 1/2	〃 71 1/4
4	9 50	4 75	2 85	1 90	〃 95
5	11 87 1/2	5 93 3/4	3 56 1/4	2 37 1/2	1 18 3/4
6	14 25	7 12 1/2	4 27 1/2	2 85	1 42 1/2
7	16 62 1/2	8 31 1/4	4 98 3/4	3 32 1/2	1 66 1/4
8	19 〃	9 50	5 70	3 80	1 90
9	21 37 1/2	10 68 3/4	6 41 1/4	4 27 1/2	2 13 3/4
10	23 75	11 87 1/2	7 12 1/2	4 75	2 37 1/2
11	26 12 1/2	13 06 1/4	7 83 3/4	5 22 1/2	2 61 1/4
12	28 50	14 25	8 55	5 70	2 85
13	30 87 1/2	15 43 3/4	9 26 1/4	6 17 1/2	3 08 3/4
14	33 25	16 62 1/2	9 97 1/2	6 65	3 32 1/2
15	35 62 1/2	17 81 1/4	10 68 3/4	7 12 1/2	3 56 1/4
16	38 〃	19 〃	11 40	7 60	3 80
17	40 37 1/2	20 18 3/4	12 11 1/4	8 07 1/2	4 03 3/4
18	42 75	21 37 1/2	12 82 1/2	8 55	4 27 1/2
19	45 12 1/2	22 56 1/4	13 53 3/4	9 02 1/2	4 51 1/4
20	47 50	23 75	14 25	9 50	4 75

Taxe du Pain Blanc à 30 c. le kilogr.				
NOMBRE de volumes	MICHES			
	DE 5 KILOG.	DE 3 KILOG	DE 2 KILOG.	DE 1 KILOG.
1	1 50	″ 90	″ 60	″ 35
2	3 00	1 80	1 20	″ 70
3	4 50	2 70	1 80	1 05
4	6 00	3 60	2 40	1 40
5	7 50	4 50	3 ″	1 75
6	9 00	5 40	3 60	2 10
7	10 50	6 30	4 20	2 45
8	12 00	7 20	4 80	2 80
9	13 50	8 10	5 40	3 15
10	15 00	9 00	6 ″	3 50
11	16 50	9 90	6 60	3 85
12	18 00	10 80	7 20	4 20
13	19 50	11 70	7 80	4 55
14	21 00	12 60	8 40	4 90
15	22 50	13 50	9 ″	5 25
16	24 00	14 40	9 60	5 60
17	25 50	15 30	10 20	5 95
18	27 00	16 20	10 80	6 30
19	28 50	17 10	11 40	6 65
20	30 00	18 ″	12 ″	7 ″

Taxe du Pain Second à 25 c. le kilogr.					
NOMBRE de volumes	PAINS				
	DE 10 KILOG	DE 5 KILOG.	DE 3 KILOG.	DE 2 KILOG.	DE 1 KILOG.
1	2 50	1 25	″ 50	″ 50	″ 25
2	5 ″	2 50	1 ″	1 ″	″ 50
3	7 50	3 75	1 50	1 50	″ 75
4	10 ″	5 ″	2 ″	2 ″	1 ″
5	12 50	6 25	2 50	2 50	1 25
6	15 ″	7 50	3 ″	3 ″	1 50
7	17 50	8 75	3 50	3 50	1 75
8	20 ″	10 ″	4 ″	4 ″	2 ″
9	22 50	11 25	4 50	4 50	2 25
10	25 ″	12 50	5 ″	5 ″	2 50
11	27 50	13 75	5 50	5 50	2 75
12	30 ″	15 ″	6 ″	6 ″	3 ″
13	32 50	16 25	6 50	6 50	3 25
14	35 ″	17 50	7 ″	7 ″	3 50
15	37 50	18 75	7 50	7 50	3 75
16	40 ″	20 ″	8 ″	8 ″	4 ″
17	42 50	21 25	8 50	8 50	4 25
18	45 ″	22 50	9 ″	9 ″	4 50
19	47 50	23 75	9 50	9 50	4 75
20	50 ″	25 ″	10 ″	10 ″	5 ″

Taxe du Pain Blanc à 31 c. 1/4 le kilogr.				
NOMBRE de volumes	MICHES			
	DE 5 KILOG.	DE 3 KILOG.	DE 2 KILOG.	DE 1 KILOG.
1	1 56 1/4	〃 93 3/4	〃 62 1/2	〃 36 1/4
2	3 12 1/2	1 87 1/2	1 25	〃 72 1/2
3	4 68 3/4	2 81 1/4	1 87 1/2	1 08 3/4
4	6 25	3 75	2 50	1 45
5	7 81 1/4	4 68 3/4	3 12 1/2	1 81 1/4
6	9 37 1/2	5 62 1/2	3 75	2 17 1/2
7	10 93 3/4	6 56 1/4	4 37 1/2	2 53 3/4
8	12 50	7 50	5 〃	2 90
9	14 06 1/4	8 43 3/4	5 62 1/2	3 26 1/4
10	15 62 1/2	9 37 1/2	6 25	3 62 1/2
11	17 18 3/4	10 31 1/4	6 87 1/2	3 98 3/4
12	18 75	11 25	7 50	4 35
13	20 31 1/4	12 18 3/4	8 12 1/2	4 71 1/4
14	21 87 1/2	13 12 1/2	8 75	5 07 1/2
15	23 43 3/4	14 06 1/4	9 37 1/2	5 43 3/4
16	25 〃	15 〃	10 〃	5 80
17	26 56 1/4	15 93 3/4	10 62 1/2	6 16 1/4
18	28 12 1/2	16 87 1/2	11 25	6 52 1/2
19	29 68 3/4	17 81 1/4	11 87 1/2	6 88 3/4
20	31 25	18 75	12 50	7 25

Taxe du Pain Second à 26 c. 1/4 le kilogr.					
NOMBRE de volumes	PAINS				
	DE 10 KILO.	DE 5 KILOG.	DE 3 KILOG.	DE 2 KILOG.	DE 1 KILOG.
1	2 62 1/2	1 31 1/4	〃 78 3/4	〃 52 1/2	〃 26 1/4
2	5 25	2 62 1/2	1 57 1/2	1 05	〃 52 1/2
3	7 87 1/2	3 93 3/4	2 36 1/4	1 57 1/2	〃 78 3/4
4	10 50	5 25	3 15	2 10	1 05
5	13 12 1/2	6 56 1/4	3 93 3/4	2 62 1/2	1 31 1/4
6	15 75	7 87 1/2	4 72 1/2	3 15	1 57 1/2
7	18 37 1/2	9 18 3/4	5 51 1/4	3 67 1/2	1 83 3/4
8	21 〃	10 50	6 30	4 20	2 10
9	23 62 1/2	11 81 1/4	7 08 3/4	4 72 1/2	2 36 1/4
10	26 25	13 12 1/2	7 87 1/2	5 25	2 62 1/2
11	28 87 1/2	14 43 3/4	8 66 1/4	5 77 1/2	2 88 3/4
12	31 50	15 75	9 45	6 30	3 15
13	34 12 1/2	17 06 1/4	10 23 3/4	6 82 1/2	3 41 1/4
14	36 75	18 37 1/2	11 02 1/2	7 35	3 67 1/2
15	39 37 1/2	19 68 3/4	11 81 1/4	7 87 1/2	3 93 3/4
16	42 〃	21 〃	12 60	8 40	4 20
17	44 62 1/2	22 31 1/4	13 38 3/4	8 92 1/2	4 46 1/4
18	47 25	23 62 1/2	14 17 1/2	9 45	4 72 1/2
19	49 87 1/2	24 93 3/4	14 96 1/4	9 97 1/2	4 98 3/4
20	52 50	26 25	15 75	10 50	5 25

[illegible]

Taxe du Pain Blanc à 32 c. ½ le kilogr.

NOMBRE de volumes	MICHES de 5 kilog.	de 3 kilog.	de 2 kilog.	de 1 kilog.
1	1 62 ½	″ 97 ½	″ 65	″ 37 ½
2	3 25	1 95	1 30	″ 75
3	4 87 ½	2 92 ½	1 95	1 12 ½
4	6 50	3 90	2 60	1 50
5	8 12 ½	4 87 ½	3 25	1 87 ½
6	9 75	5 85	3 90	2 25
7	11 37 ½	6 82 ½	4 55	2 62 ½
8	13 ″	7 80	5 20	3 ″
9	14 62 ½	8 77 ½	5 85	3 37 ½
10	16 25	9 75	6 50	3 75
11	17 87 ½	10 72 ½	7 15	4 12 ½
12	19 50	11 70	7 80	4 50
13	21 12 ½	12 67 ½	8 45	4 87 ½
14	22 75	13 65	9 10	5 25
15	24 37 ½	14 62 ½	9 75	5 62 ½
16	26 ″	15 60	10 40	6 ″
17	27 62 ½	16 57 ½	11 05	6 37 ½
18	29 25	17 55	11 70	6 75
19	30 87 ½	18 52 ½	12 35	7 12 ½
20	32 50	19 50	13 ″	7 50

Taxe du Pain Second à 27 c. ½ le kilogr.

NOMBRE de volumes	PAINS de 10 kilo.	de 5 kilog.	de 3 kilog.	de 2 kilog.	de 1 kilog.
1	2 75	1 37 ½	″ 82 ½	″ 55	″ 27 ½
2	5 50	2 75	1 65	1 10	″ 55
3	8 25	4 12 ½	2 47 ½	1 65	″ 82 ½
4	11 ″	5 50	3 30	2 20	1 10
5	13 75	6 87 ½	4 12 ½	2 75	1 37 ½
6	16 50	8 25	4 95	3 30	1 65
7	19 25	9 62 ½	5 77 ½	3 85	1 92 ½
8	22 ″	11 ″	6 60	4 40	2 20
9	24 75	12 37 ½	7 42 ½	4 95	2 47 ½
10	27 50	13 75	8 25	5 50	2 75
11	30 25	15 12 ½	9 07 ½	6 05	3 02 ½
12	33 ″	16 50	9 90	6 60	3 30
13	35 75	17 87 ½	10 72 ½	7 15	3 57 ½
14	38 50	19 25	11 55	7 70	3 85
15	41 25	20 62 ½	12 37 ½	8 25	4 12 ½
16	44 ″	22 ″	13 20	8 80	4 40
17	46 75	23 37 ½	14 02 ½	9 35	4 67 ½
18	49 50	24 75	14 85	9 90	4 95
19	52 25	26 12 ½	15 67 ½	10 45	5 22 ½
20	55 00	27 50	16 50	11 ″	5 50

[illegible]

Taxe du Pain Blanc à 33 c. 3/4 le kilogr.				
NOMBRE de volumes.	MICHES			
	DE 5 KILOG.	DE 3 KILOG.	DE 2 KILOG.	DE 1 KILOG.
1	1 68 3/4	1 01 1/4	″ 67 1/2	″ 38 3/4
2	3 37 1/2	2 02 1/2	1 35	″ 77 1/2
3	5 06 1/4	3 05 3/4	2 02 1/2	1 16 1/4
4	6 75	4 05	2 70	1 55
5	8 43 3/4	5 06 1/4	3 37 1/2	1 93 3/4
6	10 12 1/2	6 07 1/2	4 05	2 32 1/2
7	11 81 1/4	7 08 3/4	4 72 1/2	2 71 1/4
8	13 50	8 10	5 40	3 10
9	15 18 3/4	9 11 1/4	6 07 1/2	3 48 3/4
10	16 87 1/2	10 12 1/2	6 75	3 87 1/2
11	18 56 1/4	11 13 3/4	7 42 1/2	4 26 1/4
12	20 25	12 15	8 10	4 65
13	21 93 3/4	13 16 1/4	8 77 1/2	5 03 3/4
14	23 62 1/2	14 17 1/2	9 45	5 42 1/2
15	25 31 1/4	15 18 3/4	10 12 1/2	5 81 1/4
16	27 ″	16 20	10 80	6 20
17	28 68 3/4	17 21 1/4	11 47 1/2	6 58 3/4
18	30 37 1/2	18 22 1/2	12 15	6 97 1/2
19	32 06 1/4	19 23 3/4	12 82 1/2	7 36 1/4
20	33 75	20 25	13 50	7 75

Taxe du Pain Second à 28 c. 3/4 le kilogr.					
NOMBRE de volumes	PAINS				
	DE 10 KILOG	DE 5 KILOG.	DE 3 KILOG.	DE 2 KILOG.	DE 1 KILOG.
1	2 87 1/2	1 43 3/4	″ 86 1/4	″ 57 1/2	″ 28 3/4
2	5 75	2 87 1/2	1 72 1/2	1 15	″ 57 1/2
3	8 62 1/2	4 31 1/4	2 58 3/4	1 72 1/2	″ 86 1/4
4	11 50	5 75	3 45	2 30	1 15
5	14 37 1/2	7 18 3/4	4 31 1/4	2 87 1/2	1 43 3/4
6	17 25	8 62 1/2	5 17 1/2	3 45	1 72 1/2
7	20 12 1/2	10 06 1/4	6 03 3/4	4 02 1/2	2 01 1/4
8	23 ″	11 50	6 90	4 60	2 30
9	25 87 1/2	12 93 3/4	7 76 1/4	5 17 1/2	2 58 3/4
10	28 75	14 37 1/2	8 62 1/2	5 75	2 87 1/2
11	31 62 1/2	15 81 1/4	9 48 3/4	6 32 1/2	3 16 1/4
12	34 50	17 25	10 35	6 90	3 45
13	37 37 1/2	18 68 3/4	11 21 1/4	7 47 1/2	3 73 3/4
14	40 25	20 12 1/2	12 07 1/2	8 05	4 02 1/2
15	43 12 1/2	21 56 1/4	12 93 3/4	8 62 1/2	4 31 1/4
16	46 ″	23 ″	13 80	9 20	4 60
17	48 87 1/2	24 43 3/4	14 66 1/4	9 77 1/2	4 88 3/4
18	51 75	25 87 1/2	15 52 1/2	10 35	5 17 1/2
19	54 62 1/2	27 31 1/4	16 38 3/4	10 92 1/2	5 46 1/4
20	57 50	28 75	17 25	11 50	5 75

Taxe du Pain Blanc à 35 c. le kilogr.					*Taxe du Pain Second à 30 c. le kilogr.*					
NOMBRE de volumes	MICHES				NOMBRE de volumes	PAINS				
	DE 5 KILOG.	DE 3 KILOG.	DE 2 KILOG.	DE 1 KILOG.		DE 10 KILOG	DE 5 KILOG.	DE 3 KILOG.	DE 2 KILOG.	DE 1 KILOG.
1	1 75	1 05	″ 70	″ 40	1	3 ″	1 50	″ 90	″ 60	″ 30
2	3 50	2 10	1 40	″ 80	2	6 ″	3 ″	1 80	1 20	″ 60
3	5 25	3 15	2 10	1 20	3	9 ″	4 50	2 70	1 80	″ 90
4	7 ″	4 20	2 80	1 60	4	12 ″	6 ″	3 60	2 40	1 20
5	8 75	5 25	3 50	2 ″	5	15 ″	7 50	4 50	3 ″	1 50
6	10 50	6 30	4 20	2 40	6	18 ″	9 ″	5 40	3 60	1 80
7	12 25	7 35	4 90	2 80	7	21 ″	10 50	6 30	4 20	2 10
8	14 ″	8 40	5 60	3 20	8	24 ″	12 ″	7 20	4 80	2 40
9	15 75	9 45	6 30	3 60	9	27 ″	13 50	8 10	5 40	2 70
10	17 50	10 50	7 ″	4 ″	10	30 ″	15 ″	9 ″	6 ″	3 ″
11	19 25	11 55	7 70	4 40	11	33 ″	16 50	9 90	6 60	3 30
12	21 ″	12 60	8 40	4 80	12	36 ″	18 ″	10 80	7 20	3 60
13	22 75	13 65	9 10	5 20	13	39 ″	19 50	11 70	7 80	3 90
14	24 50	14 70	9 80	5 60	14	42 ″	21 ″	12 60	8 40	4 20
15	26 25	15 75	10 50	6 ″	15	45 ″	22 50	13 50	9 ″	4 50
16	28 ″	16 80	11 20	6 40	16	48 ″	24 ″	14 40	9 60	4 80
17	29 75	17 85	11 90	6 80	17	51 ″	25 50	15 30	10 20	5 10
18	31 50	18 90	12 60	7 20	18	54 ″	27 ″	16 20	10 80	5 40
19	33 25	19 95	13 30	7 60	19	57 ″	28 50	17 10	11 40	5 70
20	35 ″	21 ″	14 ″	8 ″	20	60 ″	30 ″	18 ″	12 ″	6 ″

Taxe du Pain Blanc à 36 c. 1/4 le kilogr.				
NOMBRE de volumes	MICHES			
	DE 5 KILOG.	DE 3 KILOG.	DE 2 KILOG.	DE 1 KILOG.
1	1 81 1/4	1 08 3/4	〃 72 1/2	〃 41 1/4
2	3 62 1/2	2 17 1/2	1 45	〃 82 1/2
3	5 43 3/4	3 26 1/4	2 17 1/2	1 23 3/4
4	7 25	4 35	2 90	1 65
5	9 06 1/4	5 43 3/4	3 62 1/2	2 06 1/4
6	10 87 1/2	6 52 1/2	4 35	2 47 1/2
7	12 68 3/4	7 61 1/4	5 07 1/2	2 88 3/4
8	14 50	8 70	5 80	3 30
9	16 31 1/4	9 78 3/4	6 52 1/2	3 71 1/4
10	18 12 1/2	10 87 1/2	7 25	4 12 1/2
11	19 93 3/4	11 96 1/4	7 97 1/2	4 53 3/4
12	21 75	13 05	8 70	4 95
13	23 56 1/4	14 13 3/4	9 42 1/2	5 36 1/4
14	25 37 1/2	15 22 1/2	10 15	5 77 1/2
15	27 18 3/4	16 31 1/4	10 87 1/2	6 18 3/4
16	29 〃	17 40	11 60	6 60
17	30 81 1/4	18 48 3/4	12 32 1/2	7 01 1/4
18	32 62 1/2	19 57 1/2	13 05	7 42 1/2
19	34 43 3/4	20 66 1/4	13 77 1/2	7 83 3/4
20	36 25	21 75	14 50	8 25

Taxe du Pain Second à 31 c. 1/4 le kilogr.					
NOMBRE de volumes	PAINS				
	DE 10 KILO.	DE 5 KILOG.	DE 3 KILOG.	DE 2 KILOG.	DE 1 KILOG.
1	3 12 1/2	1 56 1/4	〃 93 3/4	〃 62 1/2	〃 31 1/4
2	6 25	3 12 1/2	1 87 1/2	1 25	〃 62 1/2
3	9 37 1/2	4 68 3/4	2 81 1/4	1 87 1/2	〃 93 3/4
4	12 50	6 25	3 75	2 50	1 25
5	15 62 1/2	7 81 1/4	4 68 3/4	3 12 1/2	1 56 1/4
6	18 75	9 37 1/2	5 62 1/2	3 75	1 87 1/2
7	21 87 1/2	10 93 3/4	6 56 1/4	4 37 1/2	2 18 3/4
8	25 〃	12 50	7 50	5 〃	2 50
9	28 12 1/2	14 06 1/4	8 43 3/4	5 62 1/2	2 81 1/4
10	31 25	15 62 1/2	9 37 1/2	6 25	3 12 1/2
11	34 37 1/2	17 18 3/4	10 31 1/4	6 87 1/2	3 43 3/4
12	37 50	18 75	11 25	7 50	3 75
13	40 62 1/2	20 31 1/4	12 18 3/4	8 12 1/2	4 06 1/4
14	43 75	21 87 1/2	13 12 1/2	8 75	4 37 1/2
15	46 87 1/2	23 43 3/4	14 06 1/4	9 37 1/2	4 68 3/4
16	50 〃	25 〃	15 〃	10 〃	5 〃
17	53 12 1/2	26 56 1/4	15 93 3/4	10 62 1/2	5 31 1/4
18	56 25	28 12 1/2	16 87 1/2	11 25	5 62 1/2
19	59 37 1/2	29 68 3/4	17 81 1/4	11 87 1/2	5 93 3/4
20	62 50	31 25	18 75	12 50	6 25

Taxe du Pain Blanc à 37 c. 1/2 le kilogr.

NOMBRE de volumes	MICHES DE 5 KILOG.	MICHES DE 3 KILOG.	MICHES DE 2 KILOG.	MICHES DE 1 KILOG.
1	1 87 1/2	1 12 1/2	〃 75	〃 42 1/2
2	3 75	2 25	1 50	〃 85
3	5 62 1/2	3 37 1/2	2 25	1 27 1/2
4	7 50	4 50	3 〃	1 70
5	9 37 1/2	5 62 1/2	3 75	2 12 1/2
6	11 25	6 75	4 50	2 55
7	13 12 1/2	7 87 1/2	5 25	2 97 1/2
8	15 〃	9 〃	6 〃	3 40
9	16 87 1/2	10 12 1/2	6 75	3 82 1/2
10	18 75	11 25	7 50	4 25
11	20 62 1/2	12 37 1/2	8 25	4 67 1/2
12	22 50	13 50	9 〃	5 10
13	24 37 1/2	14 62 1/2	9 75	5 52 1/2
14	26 25	15 75	10 50	5 95
15	28 12 1/2	16 87 1/2	11 25	6 37 1/2
16	30 〃	18 〃	12 〃	6 80
17	31 87 1/2	19 12 1/2	12 75	7 22 1/2
18	33 75	20 25	13 50	7 65
19	35 62 1/2	21 37 1/2	14 25	8 07 1/2
20	37 50	22 50	15 〃	8 50

Taxe du Pain Second à 32 c. 1/2 le kilogr.

NOMBRE de volumes	PAINS DE 10 KILO.	PAINS DE 5 KILOG.	PAINS DE 3 KILOG.	PAINS DE 2 KILOG.	PAINS DE 1 KILOG.
1	3 25	1 62 1/2	〃 97 1/2	〃 65	〃 32 1/2
2	6 50	3 25	1 95	1 30	〃 65
3	9 75	4 87 1/2	2 92 1/2	1 95	〃 97 1/2
4	13 〃	6 50	3 90	2 60	1 30
5	16 25	8 12 1/2	4 87 1/2	3 25	1 62 1/2
6	19 50	9 75	5 85	3 90	1 95
7	22 75	11 37 1/2	6 82 1/2	4 55	2 27 1/2
8	26 〃	13 〃	7 80	5 20	2 60
9	29 25	14 62 1/2	8 77 1/2	5 85	2 92 1/2
10	32 50	16 25	9 75	6 50	3 25
11	35 75	17 87 1/2	10 72 1/2	7 15	3 57 1/2
12	39 〃	19 50	11 70	7 80	3 90
13	42 25	21 12 1/2	12 67 1/2	8 45	4 22 1/2
14	45 50	22 75	13 65	9 10	4 55
15	48 75	24 37 1/2	14 62 1/2	9 75	4 87 1/2
16	52 〃	26 〃	15 60	10 40	5 20
17	55 25	27 62 1/2	16 57 1/2	11 05	5 52 1/2
18	58 50	29 25	17 55	11 70	5 85
19	61 75	30 87 1/2	18 52 1/2	12 35	6 17 1/2
20	65 〃	32 50	19 50	13 〃	6 50

Taxe du Pain Blanc à 38 c. 3/4 le kilogr.				
NOMBRE de volumes.	MICHES			
	DE 5 KILOG.	DE 3 KILOG.	DE 2 KILOG.	DE 1 KILOG.
1	1 93 3/4	1 16 1/4	〃 77 1/2	〃 43 3/4
2	3 87 1/2	2 32 1/2	1 55	〃 87 1/2
3	5 81 1/4	3 48 3/4	2 32 1/2	1 31 1/4
4	7 75	4 65	3 10	1 75
5	9 68 3/4	5 81 1/4	3 87 1/2	2 18 3/4
6	11 62 1/2	6 97 1/2	4 65	2 62 1/2
7	13 56 1/4	8 13 3/4	5 42 1/2	3 06 1/4
8	15 50	9 30	6 20	3 50
9	17 43 3/4	10 46 1/4	6 97 1/2	3 93 3/4
10	19 37 1/2	11 62 1/2	7 75	4 37 1/2
11	21 31 1/4	12 78 3/4	8 52 1/2	4 81 1/4
12	23 25	13 95	9 30	5 25
13	25 18 3/4	15 11 1/4	10 07 1/2	5 68 3/4
14	27 12 1/2	16 27 1/2	10 85	6 12 1/2
15	29 06 1/4	17 43 3/4	11 62 1/2	6 56 1/4
16	31 〃	18 60	12 40	7 〃
17	32 93 3/4	19 76 1/4	13 17 1/2	7 43 3/4
18	34 87 1/2	20 92 1/2	13 95	7 87 1/2
19	36 81 1/4	22 08 3/4	14 72 1/2	8 31 1/4
20	38 75	23 25	15 50	8 75

Taxe du Pain Second à 33 c. 3/4 le kilogr.					
NOMBRE de volumes	PAINS				
	DE 10 KILOG	DE 5 KILOG.	DE 3 KILOG.	DE 2 KILOG.	DE 1 KILOG.
1	3 37 1/2	1 68 3/4	1 01 1/4	〃 67 1/2	〃 33 3/4
2	6 75	3 37 1/2	2 02 1/2	1 35	〃 67 1/2
3	10 12 1/2	5 06 1/4	3 03 3/4	2 02 1/2	1 01 1/4
4	13 50	6 75	4 05	2 70	1 35
5	16 87 1/2	8 43 3/4	5 06 1/4	3 37 1/2	1 68 3/4
6	20 25	10 12 1/2	6 07 1/2	4 05	2 02 1/2
7	23 62 1/2	11 81 1/4	7 08 3/4	4 72 1/2	2 36 1/4
8	27 〃	13 50	8 10	5 40	2 70
9	30 37 1/2	15 18 3/4	9 11 1/4	6 07 1/2	3 03 3/4
10	33 75	16 87 1/2	10 12 1/2	6 75	3 37 1/2
11	37 12 1/2	18 56 1/4	11 13 3/4	7 42 1/2	3 71 1/4
12	40 50	20 25	12 15	8 10	4 05
13	43 87 1/2	21 93 3/4	13 16 1/4	8 77 1/2	4 38 3/4
14	47 25	23 62 1/2	14 17 1/2	9 45	4 72 1/2
15	50 62 1/2	25 31 1/4	15 18 3/4	10 12 1/2	5 06 1/4
16	54 〃	27 〃	16 20	10 80	5 40
17	57 37 1/2	28 68 3/4	17 21 1/4	11 47 1/2	5 73 3/4
18	60 75	30 37 1/2	18 22 1/2	12 15	6 07 1/2
19	64 12 1/2	32 06 1/4	19 23 3/4	12 82 1/2	6 41 1/4
20	67 50	33 75	20 25	13 50	6 75

Taxe du Pain Blanc à 40 c. le kilogr.					*Taxe du Pain Second à 35 c. le kilogr.*					
NOMBRE de volumes	MICHES				NOMBRE de volumes	PAINS				
	DE 5 KILOG.	DE 3 KILOG	DE 2 KILOG.	DE 1 KILOG.		DE 10 KILOG	DE 5 KILOG.	DE 3 KILOG.	DE 2 KILOG.	DE 1 KILOG.
1	2 ″	1 20	″ 80	″ 45	1	3 50	1 75	1 05	″ 70	″ 35
2	4 ″	2 40	1 60	″ 90	2	7 ″	3 50	2 10	1 40	″ 70
3	6 ″	3 60	2 40	1 35	3	10 50	5 25	3 15	2 10	1 05
4	8 ″	4 80	3 20	1 80	4	14 ″	7 ″	4 20	2 80	1 40
5	10 ″	6 ″	4 ″	2 25	5	17 50	8 75	5 25	3 50	1 75
6	12 ″	7 20	4 80	2 70	6	21 ″	10 50	6 30	4 20	2 10
7	14 ″	8 40	5 60	3 15	7	24 50	12 25	7 35	4 90	2 45
8	16 ″	9 60	6 40	3 60	8	28 ″	14 ″	8 40	5 60	2 80
9	18 ″	10 80	7 20	4 05	9	31 50	15 75	9 45	6 30	3 15
10	20 ″	12 ″	8 ″	4 50	10	35 ″	17 50	10 50	7 ″	3 50
11	22 ″	13 20	8 80	4 95	11	38 50	19 25	11 55	7 70	3 85
12	24 ″	14 40	9 60	5 40	12	42 ″	21 ″	12 60	8 40	4 20
13	26 ″	15 60	10 40	5 85	13	45 50	22 75	13 65	9 10	4 55
14	28 ″	16 80	11 20	6 30	14	49 ″	24 50	14 70	9 80	4 90
15	30 ″	18 ″	12 ″	6 75	15	52 50	26 25	15 75	10 50	5 25
16	32 ″	19 20	12 80	7 20	16	56 ″	28 ″	16 80	11 20	5 60
17	34 ″	20 40	13 60	7 65	17	59 50	29 75	17 85	11 90	5 95
18	36 ″	21 60	14 40	8 10	18	63 ″	31 50	18 90	12 60	6 30
19	38 ″	22 80	15 20	8 55	19	66 50	33 25	19 95	13 30	6 65
20	40 ″	24 ″	16 ″	9 ″	20	70 ″	35 ″	21 ″	14 ″	7 ″

Taxe du Pain Blanc à 41 c. 1/4 le kilogr.				
NOMBRE de volumes	MICHES			
	DE 5 KILOG.	DE 3 KILOG.	DE 2 KILOG.	DE 1 KILOG.
1	2 06 1/4	1 23 3/4	// 82 1/2	// 46 1/4
2	4 12 1/2	2 47 1/2	1 65	// 92 1/2
3	6 18 3/4	3 71 1/4	2 47 1/2	1 38 3/4
4	8 25	4 95	3 30	1 85
5	10 31 1/4	6 18 3/4	4 12 1/2	2 31 1/4
6	12 37 1/2	7 42 1/2	4 95	2 77 1/2
7	14 43 3/4	8 66 1/4	5 77 1/2	3 23 3/4
8	16 50	9 90	6 60	3 70
9	18 56 1/4	11 13 3/4	7 42 1/2	4 16 1/4
10	20 62 1/2	12 37 1/2	8 25	4 62 1/2
11	22 68 3/4	13 61 1/4	9 07 1/2	5 08 3/4
12	24 75	14 85	9 90	5 55
13	26 81 1/4	16 08 3/4	10 72 1/2	6 01 1/4
14	28 87 1/2	17 32 1/2	11 55	6 47 1/2
15	30 93 3/4	18 56 1/4	12 37 1/2	6 93 3/4
16	33 //	19 80	13 20	7 40
17	35 06 1/4	21 03 3/4	14 02 1/2	7 86 1/4
18	37 12 1/2	22 27 1/2	14 85	8 32 1/2
19	39 18 3/4	23 51 1/4	15 67 1/2	8 78 3/4
20	41 25	24 75	16 50	9 25

Taxe du Pain Second à 36 c. 1/4 le kilogr.					
NOMBRE de volumes	PAINS				
	DE 10 KILO.	DE 5 KILOG.	DE 3 KILOG.	DE 2 KILOG.	DE 1 KILOG.
1	3 62 1/2	1 81 1/4	1 08 3/4	// 72 1/2	// 36 1/4
2	7 25	3 62 1/2	2 17 1/2	1 45	// 72 1/2
3	10 87 1/2	5 43 3/4	3 26 1/4	2 17 1/2	1 08 3/4
4	14 50	7 25	4 35	2 90	1 45
5	18 12 1/2	9 06 1/4	5 43 3/4	3 62 1/2	1 81 1/4
6	21 75	10 87 1/2	6 52 1/2	4 35	2 17 1/2
7	25 37 1/2	12 68 3/4	7 61 1/4	5 07 1/2	2 53 3/4
8	29 //	14 50	8 70	5 80	2 90
9	32 62 1/2	16 31 1/4	9 78 3/4	6 52 1/2	3 26 1/4
10	36 25	18 12 1/2	10 87 1/2	7 25	3 62 1/2
11	39 87 1/2	19 93 3/4	11 96 1/4	7 97 1/2	3 98 3/4
12	43 50	21 75	13 05	8 70	4 35
13	47 12 1/2	23 56 1/4	14 13 3/4	9 42 1/2	4 71 1/4
14	50 75	25 37 1/2	15 22 1/2	10 15	5 07 1/2
15	54 37 1/2	27 18 3/4	16 31 1/4	10 87 1/2	5 43 3/4
16	58 //	29 //	17 40	11 60	5 80
17	61 62 1/2	30 81 1/4	18 48 3/4	12 32 1/2	6 16 1/4
18	65 25	32 62 1/2	19 57 1/2	13 05	6 52 1/2
19	68 87 1/2	34 43 3/4	20 66 1/4	13 77 1/2	6 88 3/4
20	72 50	36 25	21 75	14 50	7 25

Taxe du Pain Blanc à 42 c. ½ le kilogr.

NOMBRE de volumes	MICHES			
	DE 5 KILOG.	DE 3 KILOG.	DE 2 KILOG.	DE 1 KILOG.
1	2 12 ½	1 27 ½	″ 85	″ 47 ½
2	4 25	2 55	1 70	″ 95
3	6 37 ½	3 82 ½	2 55	1 42 ½
4	8 50	5 10	3 40	1 90
5	10 62 ½	6 37 ½	4 25	2 37 ½
6	12 75	7 65	5 10	2 85
7	14 87 ½	8 92 ½	5 95	3 32 ½
8	17 ″	10 20	6 80	3 80
9	19 12 ½	11 47 ½	7 65	4 27 ½
10	21 25	12 75	8 50	4 75
11	23 37 ½	14 02 ½	9 35	5 22 ½
12	25 50	15 30	10 20	5 70
13	27 62 ½	16 57 ½	11 05	6 17 ½
14	29 75	17 85	11 90	6 65
15	31 87 ½	19 12 ½	12 75	7 12 ½
16	34 ″	20 40	13 60	7 60
17	36 12 ½	21 67 ½	14 45	8 07 ½
18	38 25	22 95	15 30	8 55
19	40 37 ½	24 22 ½	16 15	9 02 ½
20	42 50	25 50	17 ″	9 50

Taxe du Pain Second à 37 c. ½ le kilogr.

NOMBRE de volumes	PAINS				
	DE 10 KILO.	DE 5 KILOG.	DE 3 KILOG.	DE 2 KILOG.	DE 1 KILOG.
1	3 75	1 87 ½	1 12 ½	″ 75	″ 37 ½
2	7 50	3 75	2 25	1 50	″ 75
3	11 25	5 62 ½	3 37 ½	2 25	1 12 ½
4	15 ″	7 50	4 50	3 ″	1 50
5	18 75	9 37 ½	5 62 ½	3 75	1 87 ½
6	22 50	11 25	6 75	4 50	2 25
7	26 25	13 12 ½	7 87 ½	5 25	2 62 ½
8	30 ″	15 ″	9 ″	6 ″	3 ″
9	33 75	16 87 ½	10 12 ½	6 75	3 37 ½
10	37 50	18 75	11 25	7 50	3 75
11	41 25	20 62 ½	12 37 ½	8 25	4 12 ½
12	45 ″	22 50	13 50	9 ″	4 50
13	48 75	24 37 ½	14 62 ½	9 75	4 87 ½
14	52 50	26 25	15 75	10 50	5 25
15	56 25	28 12 ½	16 87 ½	11 25	5 62 ½
16	60 ″	30 ″	18 ″	12 ″	6 ″
17	63 75	31 87 ½	19 12 ½	12 75	6 37 ½
18	67 50	33 75	20 25	13 50	6 75
19	71 25	35 62 ½	21 37 ½	14 25	7 12 ½
20	75 ″	37 50	22 50	15 ″	7 50

Taxe du Pain Blanc à 45 c. le kilogr.				
Nombre de volumes.	Miches			
	De 5 kilog.	De 3 kilog.	De 2 kilog.	De 1 kilog.
1	2 25	1 35	″ 90	″ 50
2	4 50	2 70	1 80	1 ″
3	6 75	4 05	2 70	1 50
4	9 ″	5 40	3 60	2 ″
5	11 25	6 75	4 50	2 50
6	13 50	8 10	5 40	3 ″
7	15 75	9 45	6 30	3 50
8	18 ″	10 80	7 20	4 ″
9	20 25	12 15	8 10	4 50
10	22 50	13 50	9 ″	5 ″
11	24 75	14 85	9 90	5 50
12	27 ″	16 20	10 80	6 ″
13	29 25	17 55	11 70	6 50
14	31 50	18 90	12 60	7 ″
15	33 75	20 25	13 50	7 50
16	36 ″	21 60	14 40	8 ″
17	38 25	22 95	15 30	8 50
18	40 50	24 30	16 20	9 ″
19	42 75	25 65	17 10	9 50
20	45 ″	27 ″	18 ″	10 ″

Taxe du Pain Second à 40 c. le kilogr.					
Nombre de volumes	Pains				
	De 10 kilog	De 5 kilog.	De 3 kilog.	De 2 kilog.	De 1 kilog.
1	4 ″	2 ″	1 20	″ 80	″ 40
2	8 ″	4 ″	2 40	1 60	″ 80
3	12 ″	6 ″	3 60	2 40	1 20
4	16 ″	8 ″	4 80	3 20	1 60
5	20 ″	10 ″	6 ″	4 ″	2 ″
6	24 ″	12 ″	7 20	4 80	2 40
7	28 ″	14 ″	8 40	5 60	2 80
8	32 ″	16 ″	9 60	6 40	3 20
9	36 ″	18 ″	10 80	7 20	3 60
10	40 ″	20 ″	12 ″	8 ″	4 ″
11	44 ″	22 ″	13 20	8 80	4 40
12	48 ″	24 ″	14 40	9 60	4 80
13	52 ″	26 ″	15 60	10 40	5 20
14	56 ″	28 ″	16 80	11 20	5 60
15	60 ″	30 ″	18 ″	12 ″	6 ″
16	64 ″	32 ″	19 20	12 80	6 40
17	68 ″	34 ″	20 40	13 60	6 80
18	72 ″	36 ″	21 60	14 40	7 20
19	76 ″	38 ″	22 80	15 20	7 60
20	80 ″	40 ″	24 ″	16 ″	8 ″

Taxe du Pain Blanc à 46 c. 1/4 le kilogr.

NOMBRE de volumes	MICHES DE 5 KILOG.	DE 3 KILOG.	DE 2 KILOG.	DE 1 KILOG.
1	2 31 1/4	1 38 3/4	〃 92 1/2	〃 51 1/4
2	4 62 1/2	2 77 1/2	1 85	1 02 1/2
3	6 93 3/4	4 16 1/4	2 77 1/2	1 53 3/4
4	9 25	5 55	3 70	2 05
5	11 56 1/4	6 93 3/4	4 62 1/2	2 56 1/4
6	13 87 1/2	8 32 1/2	5 55	3 07 1/2
7	16 18 3/4	9 71 1/4	6 47 1/2	3 58 3/4
8	18 50	11 10	7 40	4 10
9	20 81 1/4	12 48 3/4	8 32 1/2	4 61 1/4
10	23 12 1/2	13 87 1/2	9 25	5 12 1/2
11	25 43 3/4	15 26 1/4	10 17 1/2	5 63 3/4
12	27 75	16 65	11 10	6 15
13	30 06 1/4	18 03 3/4	12 02 1/2	6 66 1/4
14	32 37 1/2	19 42 1/2	12 95	7 17 1/2
15	34 68 3/4	20 81 1/4	13 87 1/2	7 68 3/4
16	37 〃	22 20	14 80	8 20
17	39 31 1/4	23 58 3/4	15 72 1/2	8 71 1/4
18	41 62 1/2	24 97 1/2	16 65	9 22 1/2
19	43 93 3/4	26 36 1/4	17 57 1/2	9 73 3/4
20	46 25	27 75	18 50	10 25

Taxe du Pain Second à 41 c. 1/4 le kilogr.

NOMBRE de volumes	PAINS DE 10 KILO.	DE 5 KILOG.	DE 3 KILOG.	DE 2 KILOG.	DE 1 KILOG.
1	4 12 1/2	2 06 1/4	1 23 3/4	〃 82 1/2	〃 41 1/4
2	8 25	4 12 1/2	2 47 1/2	1 65	〃 82 1/2
3	12 37 1/2	6 18 5/4	3 71 1/4	2 47 1/2	1 23 3/4
4	16 50	8 25	4 95	3 30	1 65
5	20 62 1/2	10 31 1/4	6 18 3/4	4 12 1/2	2 06 1/4
6	24 75	12 37 1/2	7 42 1/2	4 95	2 47 1/2
7	28 87 1/2	14 43 3/4	8 66 1/4	5 77 1/2	2 88 3/4
8	33 〃	16 50	9 90	6 60	3 30
9	37 12 1/2	18 56 1/4	11 13 5/4	7 42 1/2	3 71 1/4
10	41 25	20 62 1/2	12 37 1/2	8 25	4 12 1/2
11	45 37 1/2	22 68 3/4	13 61 1/4	9 07 1/2	4 53 3/4
12	49 50	24 75	14 85	9 90	4 95
13	53 62 1/2	26 81 1/4	16 08 3/4	10 72 1/2	5 36 1/4
14	57 75	28 87 1/2	17 32 1/2	11 55	5 77 1/2
15	61 87 1/2	30 93 3/4	18 56 1/4	12 37 1/2	6 18 3/4
16	66 〃	33 〃	19 80	13 20	6 60
17	70 12 1/2	35 06 1/4	21 03 3/4	14 02 1/2	7 01 1/4
18	74 25	37 12 1/2	22 27 1/2	14 85	7 42 1/2
19	78 37 1/2	39 18 3/4	23 51 1/4	15 67 1/2	7 83 3/4
20	82 50	41 25	24 75	16 50	8 25

Taxe du Pain Blanc à 47 c. ½ le kilogr.					*Taxe du Pain Second à 42 c. ½ le kilogr.*					
NOMBRE de volumes	MICHES				NOMBRE de volumes	PAINS				
	DE 5 KILOG.	DE 3 KILOG.	DE 2 KILOG.	DE 1 KILOG.		DE 10 KILO.	DE 5 KILOG.	DE 3 KILOG.	DE 2 KILOG.	DE 1 KILOG.
1	2 37 ½	1 42 ½	″ 95	″ 52 ½	1	4 25	2 12 ½	1 27 ½	″ 85	″ 42 ½
2	4 75	2 85	1 90	1 05	2	8 50	4 25	2 55	1 70	″ 85
3	7 12 ½	4 27 ½	2 85	1 57 ½	3	12 75	6 37 ½	3 82 ½	2 55	1 27 ½
4	9 50	5 70	3 80	2 10	4	17 ″	8 50	5 10	3 40	1 70
5	11 87 ½	7 12 ½	4 75	2 62 ½	5	21 25	10 62 ½	6 37 ½	4 25	2 12 ½
6	14 25	8 55	5 70	3 15	6	25 50	12 75	7 65	5 10	2 55
7	16 62 ½	9 97 ½	6 65	3 67 ½	7	29 75	14 87 ½	8 92 ½	5 95	2 97 ½
8	19 ″	11 40	7 60	4 20	8	34 ″	17 ″	10 20	6 80	3 40
9	21 37 ½	12 82 ½	8 55	4 72 ½	9	38 25	19 12 ½	11 47 ½	7 65	3 82 ½
10	23 75	14 25	9 50	5 25	10	42 50	21 25	12 75	8 50	4 25
11	26 12 ½	15 67 ½	10 45	5 77 ½	11	46 75	23 37 ½	14 02 ½	9 35	4 67 ½
12	28 50	17 10	11 40	6 30	12	51 ″	25 50	15 30	10 20	5 10
13	30 87 ½	18 52 ½	12 35	6 82 ½	13	55 25	27 62 ½	16 57 ½	11 05	5 52 ½
14	33 25	19 95	13 30	7 35	14	59 50	29 75	17 85	11 90	5 95
15	35 62 ½	21 37 ½	14 25	7 87 ½	15	63 75	31 87 ½	19 12 ½	12 75	6 37 ½
16	38 ″	22 80	15 20	8 40	16	68 ″	34 ″	20 40	13 60	6 80
17	40 37 ½	24 22 ½	16 15	8 92 ½	17	72 25	36 12 ½	21 67 ½	14 45	7 22 ½
18	42 75	25 65	17 10	9 45	18	76 50	38 25	22 95	15 30	7 65
19	45 12 ½	27 07 ½	18 05	9 97 ½	19	80 75	40 37 ½	24 22 ½	16 15	8 07 ½
20	47 50	28 50	19 ″	10 50	20	85 ″	42 50	25 50	17 ″	8 50

Taxe du Pain Blanc à 48 c. 3/4 le kilogr.

NOMBRE de volumes.	MICHES DE 5 KILOG.	DE 3 KILOG.	DE 2 KILOG.	DE 1 KILOG.
1	2 43 3/4	1 46 1/4	〃 97 1/2	〃 53 3/4
2	4 87 1/2	2 92 1/2	1 95	1 07 1/2
3	7 31 1/4	4 38 3/4	2 92 1/2	1 61 1/4
4	9 75	5 85	3 90	2 15
5	12 18 3/4	7 31 1/4	4 87 1/2	2 68 3/4
6	14 62 1/2	8 77 1/2	5 85	3 22 1/2
7	17 06 1/4	10 23 3/4	6 82 1/2	3 76 1/4
8	19 50	11 70	7 80	4 30
9	21 93 3/4	13 16 1/4	8 77 1/2	4 83 3/4
10	24 37 1/2	14 62 1/2	9 75	5 37 1/2
11	26 81 1/4	16 08 3/4	10 72 1/2	5 91 1/4
12	29 25	17 55	11 70	6 45
13	31 68 3/4	19 01 1/4	12 67 1/2	6 98 3/4
14	34 12 1/2	20 47 1/2	13 65	7 52 1/2
15	36 56 1/4	21 93 3/4	14 62 1/2	8 06 1/4
16	39 〃	23 40	15 60	8 60
17	41 43 3/4	24 86 1/4	16 57 1/2	9 13 3/4
18	43 87 1/2	26 32 1/2	17 55	9 67 1/2
19	46 31 1/4	27 78 3/4	18 52 1/2	10 21 1/4
20	48 75	29 25	19 50	10 75

Taxe du Pain Second à 43 c. 3/4 le kilogr.

NOMBRE de volumes.	PAINS DE 10 KILOG	DE 5 KILOG.	DE 3 KILOG.	DE 2 KILOG.	DE 1 KILOG.
1	4 37 1/2	2 18 3/4	1 31 1/4	〃 87 1/2	〃 43 3/4
2	8 75	4 37 1/2	2 62 1/2	1 75	〃 87 1/2
3	13 12 1/2	6 56 1/4	3 93 3/4	2 62 1/2	1 31 1/4
4	17 50	8 75	5 25	3 50	1 75
5	21 87 1/2	10 93 3/4	6 56 1/4	4 37 1/2	2 18 3/4
6	26 25	13 12 1/2	7 87 1/2	5 25	2 62 1/2
7	30 62 1/2	15 31 1/4	9 18 3/4	6 12 1/2	3 06 1/4
8	35 〃	17 50	10 50	7 〃	3 50
9	39 37 1/2	19 68 3/4	11 81 1/4	7 87 1/2	3 93 3/4
10	43 75	21 87 1/2	13 12 1/2	8 75	4 37 1/2
11	48 12 1/2	24 06 1/4	14 43 3/4	9 62 1/2	4 81 1/4
12	52 50	26 25	15 75	10 50	5 25
13	56 87 1/2	28 43 3/4	17 06 1/4	11 37 1/2	5 68 3/4
14	61 25	30 62 1/2	18 37 1/2	12 25	6 12 1/2
15	65 62 1/2	32 81 1/4	19 68 3/4	13 12 1/2	6 56 1/4
16	70 〃	35 〃	21 〃	14 〃	7 〃
17	74 37 1/2	37 18 3/4	22 31 1/4	14 87 1/2	7 43 3/4
18	78 75	39 37 1/2	23 62 1/2	15 75	7 87 1/2
19	83 12 1/2	41 56 1/4	24 93 3/4	16 62 1/2	8 31 1/4
20	87 50	43 75	26 25	17 50	8 75

Taxe du Pain Blanc à 50 c. le kilogr.				
NOMBRE de volumes.	MICHES			
	DE 5 KILOG.	DE 3 KILOG.	DE 2 KILOG.	DE 1 KILOG.
1	2 50	1 50	1 ″	″ 55
2	5 ″	3 ″	2 ″	1 10
3	7 50	4 50	3 ″	1 65
4	10 ″	6 ″	4 ″	2 20
5	12 50	7 50	5 ″	2 75
6	15 ″	9 ″	6 ″	3 30
7	17 50	10 50	7 ″	3 85
8	20 ″	12 ″	8 ″	4 40
9	22 50	13 50	9 ″	4 95
10	25 ″	15 ″	10 ″	5 50
11	27 50	16 50	11 ″	6 05
12	30 ″	18 ″	12 ″	6 60
13	32 50	19 50	13 ″	7 15
14	35 ″	21 ″	14 ″	7 70
15	37 50	22 50	15 ″	8 25
16	40 ″	24 ″	16 ″	8 80
17	42 50	25 50	17 ″	9 35
18	45 ″	27 ″	18 ″	9 90
19	47 50	28 50	19 ″	10 45
20	50 ″	30 ″	20 ″	11 ″

Taxe du Pain Second à 45 c. le kilogr.					
NOMBRE de volumes	PAINS				
	DE 10 KILOG	DE 5 KILOG.	DE 3 KILOG.	DE 2 KILOG.	DE 1 KILOG.
1	4 50	2 25	1 35	″ 90	″ 45
2	9 ″	4 50	2 70	1 80	″ 90
3	13 50	6 75	4 05	2 70	1 35
4	18 ″	9 ″	5 40	3 60	1 80
5	22 50	11 25	6 75	4 50	2 25
6	27 ″	13 50	8 10	5 40	2 70
7	31 50	15 75	9 45	6 30	3 15
8	36 ″	18 ″	10 80	7 20	3 60
9	40 50	20 25	12 15	8 10	4 05
10	45 ″	22 50	13 50	9 ″	4 50
11	49 50	24 75	14 85	9 90	4 95
12	54 ″	27 ″	16 20	10 80	5 40
13	58 50	29 25	17 55	11 70	5 85
14	63 ″	31 50	18 90	12 60	6 30
15	67 50	33 75	20 25	13 50	6 75
16	72 ″	36 ″	21 60	14 40	7 20
17	76 50	38 25	22 95	15 30	7 65
18	81 ″	40 50	24 30	16 20	8 10
19	85 50	42 75	25 65	17 10	8 55
20	90 ″	45 ″	27 ″	18 ″	9 ″

Taxe du Pain Blanc à 51 c. 1/4 le kilogr.

NOMBRE de volumes	MICHES			
	DE 5 KILOG.	DE 3 KILOG.	DE 2 KILOG.	DE 1 KILOG.
1	2 56 1/4	1 53 3/4	1 02 1/2	" 56 1/4
2	5 12 1/2	3 07 1/2	2 05	1 12 1/2
3	7 68 5/4	4 61 1/4	3 07 1/2	1 68 3/4
4	10 25	6 15	4 10	2 25
5	12 81 1/4	7 68 3/4	5 12 1/2	2 81 1/4
6	15 37 1/2	9 22 1/2	6 15	3 37 1/2
7	17 93 3/4	10 76 1/4	7 17 1/2	3 93 3/4
8	20 50	12 30	8 20	4 50
9	23 06 1/4	13 83 3/4	9 22 1/2	5 06 1/4
10	25 62 1/2	15 37 1/2	10 25	5 62 1/2
11	28 18 3/4	16 91 1/4	11 27 1/2	6 18 3/4
12	30 75	18 45	12 30	6 75
13	33 31 1/4	19 98 3/4	13 32 1/2	7 31 1/4
14	35 87 1/2	21 52 1/2	14 35	7 87 1/2
15	38 43 3/4	23 06 1/4	15 37 1/2	8 43 3/4
16	41 "	24 60	16 40	9 "
17	43 56 1/4	26 13 3/4	17 42 1/2	9 56 1/4
18	46 12 1/2	27 67 1/2	18 45	10 12 1/2
19	48 68 3/4	29 21 1/4	19 47 1/2	10 68 3/4
20	51 25	30 75	20 50	11 25

Taxe du Pain Second à 46 c. 1/4 le kilogr.

NOMBRE de volumes	PAINS				
	DE 10 KILO.	DE 5 KILOG.	DE 3 KILOG.	DE 2 KILOG.	DE 1 KILOG.
1	4 62 1/2	2 31 1/4	1 38 3/4	" 92 1/2	" 46 1/4
2	9 25	4 62 1/2	2 77 1/2	1 85	" 92 1/2
3	13 87 1/2	6 93 3/4	4 16 1/4	2 77 1/2	1 38 3/4
4	18 50	9 25	5 55	3 70	1 85
5	23 12 1/2	11 56 1/4	6 93 3/4	4 62 1/2	2 31 1/4
6	27 75	13 87 1/2	8 32 1/2	5 55	2 77 1/2
7	32 37 1/2	16 18 3/4	9 71 1/4	6 47 1/2	3 23 3/4
8	37 "	18 50	11 10	7 40	3 70
9	41 62 1/2	20 81 1/4	12 48 3/4	8 32 1/2	4 16 1/4
10	46 25	23 12 1/2	13 87 1/2	9 25	4 62 1/2
11	50 87 1/2	25 43 3/4	15 26 1/4	10 17 1/2	5 08 3/4
12	55 50	27 75	16 65	11 10	5 55
13	60 12 1/2	30 06 1/4	18 03 3/4	12 02 1/2	6 01 1/4
14	64 75	32 37 1/2	19 42 1/2	12 95	6 47 1/2
15	69 37 1/2	34 68 3/4	20 81 1/4	13 87 1/2	6 93 3/4
16	74 "	37 "	22 20	14 80	7 40
17	78 62 1/2	39 31 1/4	23 58 3/4	15 72 1/2	7 86 1/4
18	83 25	41 62 1/2	24 97 1/2	16 65	8 32 1/2
19	87 87 1/2	43 93 3/4	26 36 1/4	17 57 1/2	8 78 3/4
20	92 50	46 25	27 75	18 50	9 25

[illegible]

Taxe du Pain Blanc à 52 c. ½ le kilogr.

NOMBRE de volumes	MICHES de 5 kilog.	MICHES de 3 kilog.	MICHES de 2 kilog.	MICHES de 1 kilog.
1	2 62 ½	1 57 ½	1 05	〃 57 ½
2	5 25	3 15	2 10	1 15
3	7 87 ½	4 72 ½	3 15	1 72 ½
4	10 50	6 30	4 20	2 30
5	13 12 ½	7 87 ½	5 25	2 87 ½
6	15 75	9 45	6 30	3 45
7	18 37 ½	11 02 ½	7 35	4 02 ½
8	21 〃	12 60	8 40	4 60
9	23 62 ½	14 17 ½	9 45	5 17 ½
10	26 25	15 75	10 50	5 75
11	28 87 ½	17 32 ½	11 55	6 32 ½
12	31 50	18 90	12 60	6 90
13	34 12 ½	20 47 ½	13 65	7 47 ½
14	36 75	22 05	14 70	8 05
15	39 37 ½	23 62 ½	15 75	8 62 ½
16	42 〃	25 20	16 80	9 20
17	44 72 ½	26 97 ½	17 85	9 77 ½
18	47 25	28 35	18 90	10 35
19	49 87 ½	29 92 ½	19 95	10 92 ½
20	52 50	31 50	21 〃	11 50

Taxe du Pain Second à 47 c. ½ le kilogr.

NOMBRE de volumes	PAINS de 10 kilo.	PAINS de 5 kilog.	PAINS de 3 kilog.	PAINS de 2 kilog.	PAINS de 1 kilog.
1	4 75	2 37 ½	1 42 ½	〃 95	〃 47 ½
2	9 50	4 75	2 85	1 90	〃 95
3	14 25	7 12 ½	4 27 ½	2 85	1 42 ½
4	19 〃	9 50	5 70	3 80	1 90
5	23 75	11 87 ½	7 12 ½	4 75	2 37 ½
6	28 50	14 25	8 55	5 70	2 85
7	33 25	16 62 ½	9 97 ½	6 65	3 32 ½
8	38 〃	19 〃	11 40	7 60	3 80
9	42 75	21 37 ½	12 82 ½	8 55	4 27 ½
10	47 50	23 75	14 25	9 50	4 75
11	52 25	26 12 ½	15 67 ½	10 45	5 22 ½
12	57 〃	28 50	17 10	11 40	5 70
13	61 75	30 87 ½	18 52 ½	12 35	6 17 ½
14	66 50	33 25	19 95	13 30	6 65
15	71 25	35 62 ½	21 37 ½	14 25	7 12 ½
16	76 〃	38 〃	22 80	15 20	7 60
17	80 75	40 37 ½	24 22 ½	16 15	8 07 ½
18	85 50	42 75	25 65	17 10	8 55
19	90 25	45 12 ½	27 07 ½	18 05	9 02 ½
20	95 〃	47 50	28 50	19 〃	9 50

Taxe du Pain Blanc à 53 c. 3/4 le kilogr.

NOMBRE de volumes.	MICHES DE 5 KILOG.	DE 3 KILOG.	DE 2 KILOG	DE 1 KILOG.
1	2 68 3/4	1 61 1/4	1 07 1/2	// 58 3/4
2	5 37 1/2	3 22 1/2	2 15	1 17 1/2
3	8 06 1/4	4 83 3/4	3 22 1/2	1 76 1/4
4	10 75	6 45	4 30	2 35
5	13 43 3/4	8 06 1/4	5 37 1/2	2 93 3/4
6	16 12 1/2	9 67 1/2	6 45	3 52 1/2
7	18 81 1/4	11 28 3/4	7 52 1/2	4 11 1/4
8	21 50	12 90	8 60	4 70
9	24 18 3/4	14 51 1/4	9 67 1/2	5 28 3/4
10	26 87 1/2	16 12 1/2	10 75	5 87 1/2
11	29 56 1/4	17 73 3/4	11 82 1/2	6 46 1/4
12	32 25	19 35	12 90	7 05
13	34 93 3/4	20 96 1/4	13 97 1/2	7 63 3/4
14	37 62 1/2	22 57 1/2	15 05	8 22 1/2
15	40 31 1/4	24 18 3/4	16 12 1/2	8 81 1/4
16	43 //	25 80	17 20	9 40
17	45 68 3/4	27 41 1/4	18 27 1/2	9 98 3/4
18	48 37 1/2	29 02 1/2	19 35	10 57 1/2
19	51 06 1/4	30 63 3/4	20 42 1/2	11 16 1/4
20	53 75	32 25	21 50	11 75

Taxe du Pain Second à 48 c. 3/4 le kilogr.

NOMBRE de volumes.	PAINS DE 10 KILOG	DE 5 KILOG.	DE 3 KILOG.	DE 2 KILOG.	DE 1 KILOG.
1	4 87 1/2	2 43 3/4	1 46 1/4	// 97 1/2	// 48 3/4
2	9 75	4 87 1/2	2 92 1/2	1 95	// 97 1/2
3	14 62 1/2	7 31 1/4	4 38 3/4	2 92 1/2	1 46 1/4
4	19 50	9 75	5 85	3 90	1 95
5	24 37 1/2	12 18 3/4	7 31 1/4	4 87 1/2	2 43 3/4
6	29 25	14 62 1/2	8 77 1/2	5 85	2 92 1/2
7	34 12 1/2	17 06 1/4	10 23 3/4	6 82 1/2	3 41 1/4
8	39 //	19 50	11 70	7 80	3 90
9	43 87 1/2	21 93 3/4	13 16 1/4	8 77 1/2	4 38 3/4
10	48 75	24 37 1/2	14 62 1/2	9 75	4 87 1/2
11	53 62 1/2	26 81 1/4	16 08 3/4	10 72 1/2	5 36 1/4
12	58 50	29 25	17 55	11 70	5 85
13	63 37 1/2	31 68 3/4	19 01 1/4	12 67 1/2	6 33 3/4
14	68 25	34 12 1/2	20 47 1/2	13 65	6 82 1/2
15	73 12 1/2	36 56 1/4	21 93 3/4	14 62 1/2	7 31 1/4
16	78 //	39 //	23 40	15 60	7 80
17	82 87 1/2	41 43 3/4	24 86 1/4	16 57 1/2	8 28 3/4
18	87 75	43 87 1/2	26 32 1/2	17 55	8 77 1/2
19	92 62 1/2	46 31 1/4	27 78 3/4	18 52 1/2	9 26 1/4
20	97 50	48 75	29 25	19 50	9 75

Taxe du Pain Blanc à 55 c. le kilogr.					*Taxe du Pain Second à 50 c. le kilogr.*					
NOMBRE de volumes	MICHES				NOMBRE de volumes	PAINS				
	DE 5 KILOG.	DE 3 KILOG.	DE 2 KILOG.	DE 1 KILOG.		DE 10 KILOG	DE 5 KILOG.	DE 3 KILOG.	DE 2 KILOG.	DE 1 KILOG.
1	2 75	1 65	1 10	″ 60	1	5 ″	2 50	1 50	1 ″	″ 50
2	5 50	3 30	2 20	1 20	2	10 ″	5 ″	3 ″	2 ″	1 ″
3	8 25	4 95	3 30	1 80	3	15 ″	7 50	4 50	3 ″	1 50
4	11 ″	6 60	4 40	2 40	4	20 ″	10 ″	6 ″	4 ″	2 ″
5	13 75	8 25	5 50	3 ″	5	25 ″	12 50	7 50	5 ″	2 50
6	16 50	9 90	6 60	3 60	6	30 ″	15 ″	9 ″	6 ″	3 ″
7	19 25	11 55	7 70	4 20	7	35 ″	17 50	10 50	7 ″	3 50
8	22 ″	13 20	8 80	4 80	8	40 ″	20 ″	12 ″	8 ″	4 ″
9	24 75	14 85	9 90	5 40	9	45 ″	22 50	13 50	9 ″	4 50
10	27 50	16 50	11 ″	6 ″	10	50 ″	25 ″	15 ″	10 ″	5 ″
11	30 25	18 15	12 10	6 60	11	55 ″	27 50	16 50	11 ″	5 50
12	33 ″	19 80	13 20	7 20	12	60 ″	30 ″	18 ″	12 ″	6 ″
13	35 75	21 45	14 30	7 80	13	65 ″	32 50	19 50	13 ″	6 50
14	38 50	23 10	15 40	8 40	14	70 ″	35 ″	21 ″	14 ″	7 ″
15	41 25	24 75	16 50	9 ″	15	75 ″	37 50	22 50	15 ″	7 50
16	44 ″	26 40	17 60	9 60	16	80 ″	40 ″	24 ″	16 ″	8 ″
17	46 75	28 05	18 70	10 20	17	85 ″	42 50	25 50	17 ″	8 50
18	49 50	29 70	19 80	10 80	18	90 ″	45 ″	27 ″	18 ″	9 ″
19	52 25	31 35	20 90	11 40	19	95 ″	47 50	28 50	19 ″	9 50
20	55 ″	33 ″	22 ″	12 ″	20	100 ″	50 ″	30 ″	20 ″	10 ″

Taxe du Pain Blanc à 56 c. 1/4 le kilogr.				
NOMBRE de volumes	MICHES			
	DE 5 KILOG.	DE 3 KILOG.	DE 2 KILOG.	DE 1 KILOG.
1	2 81 1/4	1 68 3/4	1 12 1/2	〃 61 1/4
2	5 62 1/2	3 37 1/2	2 25	1 22 1/2
3	8 43 3/4	5 06 1/4	3 37 1/2	1 83 3/4
4	11 25	6 75	4 50	2 45
5	14 06 1/4	8 43 3/4	5 62 1/2	3 06 1/4
6	16 87 1/2	10 12 1/2	6 75	3 67 1/2
7	19 68 3/4	11 81 1/4	7 87 1/2	4 28 3/4
8	22 50	13 50	9 〃	4 90
9	25 31 1/4	15 18 3/4	10 12 1/2	5 51 1/4
10	28 12 1/2	16 87 1/2	11 25	6 12 1/2
11	30 93 3/4	18 56 1/4	12 37 1/2	6 73 3/4
12	33 75	20 25	13 50	7 35
13	36 56 1/4	21 93 3/4	14 62 1/2	7 96 1/4
14	39 37 1/2	23 62 1/2	15 75	8 57 1/2
15	42 18 3/4	25 31 1/4	16 87 1/2	9 18 3/4
16	45 〃	27 〃	18 〃	9 80
17	47 81 1/4	28 68 3/4	19 12 1/2	10 41 1/4
18	50 62 1/2	30 37 1/2	20 25	11 02 1/2
19	53 43 3/4	32 06 1/4	21 37 1/2	11 63 3/4
20	56 25	33 75	22 50	12 25

Taxe du Pain Second à 51 c. 1/4 le kilogr.					
NOMBRE de volumes	PAINS				
	DE 10 KILO.	DE 5 KILOG.	DE 3 KILOG.	DE 2 KILOG.	DE 1 KILOG.
1	5 12 1/2	2 56 1/4	1 53 3/4	1 02 1/2	〃 51 1/4
2	10 25	5 12 1/2	3 07 1/2	2 05	1 02 1/2
3	15 37 1/2	7 68 3/4	4 61 1/4	3 07 1/2	1 53 3/4
4	20 50	10 25	6 15	4 10	2 05
5	25 62 1/2	12 81 1/4	7 68 3/4	5 12 1/2	2 56 1/4
6	30 75	15 37 1/2	9 22 1/2	6 15	3 07 1/2
7	35 87 1/2	17 93 3/4	10 76 1/4	7 17 1/2	3 58 3/4
8	41 〃	20 50	12 30	8 20	4 10
9	46 12 1/2	23 06 1/4	13 83 3/4	9 22 1/2	4 61 1/4
10	51 25	25 62 1/2	15 37 1/2	10 25	5 12 1/2
11	56 37 1/2	28 18 3/4	16 91 1/4	11 27 1/2	5 63 3/4
12	61 50	30 75	18 45	12 30	6 15
13	66 62 1/2	33 31 1/4	19 98 3/4	13 32 1/2	6 66 1/4
14	71 75	35 87 1/2	21 52 1/2	14 35	7 17 1/2
15	76 87 1/2	38 43 3/4	23 06 1/4	15 37 1/2	7 68 3/4
16	82 〃	41 〃	24 60	16 40	8 20
17	87 12 1/2	43 56 1/4	26 13 3/4	17 42 1/2	8 71 1/4
18	92 25	46 12 1/2	27 67 1/2	18 45	9 22 1/2
19	97 37 1/2	48 68 3/4	29 21 1/4	19 47 1/2	9 73 3/4
20	102 50	51 25	30 75	20 50	10 25

Taxe du Pain Blanc à 57 c. 1/2 le kilogr.

NOMBRE de volumes	MICHES			
	DE 5 KILOG.	DE 3 KILOG.	DE 2 KILOG.	DE 1 KILOG.
1	2 87 1/2	1 72 1/2	1 15	〃 62 1/2
2	5 75	3 45	2 30	1 25
3	8 62 1/2	5 17 1/2	3 45	1 87 1/2
4	11 50	6 90	4 60	2 50
5	14 37 1/2	8 62 1/2	5 75	3 12 1/2
6	17 25	10 35	6 90	3 75
7	20 12 1/2	12 07 1/2	8 05	4 37 1/2
8	23 〃	13 80	9 20	5 〃
9	25 87 1/2	15 52 1/2	10 35	5 62 1/2
10	28 75	17 25	11 50	6 25
11	31 62 1/2	18 97 1/2	12 65	6 87 1/2
12	34 50	20 70	13 80	7 50
13	37 37 1/2	22 42 1/2	14 95	8 12 1/2
14	40 25	24 15	16 10	8 75
15	43 12 1/2	25 87 1/2	17 25	9 37 1/2
16	46 〃	27 60	18 40	10 〃
17	48 87 1/2	29 32 1/2	19 55	10 62 1/2
18	51 75	31 05	20 70	11 25
19	54 62 1/2	32 77 1/2	21 85	11 87 1/2
20	57 50	34 50	23 〃	12 50

Taxe du Pain Second à 52 c. 1/2 le kilogr.

NOMBRE de volumes	PAINS				
	DE 10 KILO.	DE 5 KILOG.	DE 3 KILOG.	DE 2 KILOG.	DE 1 KILOG.
1	5 25	2 62 1/2	1 57 1/2	1 05	〃 52 1/2
2	10 50	5 25	3 15	2 10	1 05
3	15 75	7 87 1/2	4 72 1/2	3 15	1 57 1/2
4	21 〃	10 50	6 30	4 20	2 10
5	26 25	13 12 1/2	7 87 1/2	5 25	2 62 1/2
6	31 50	15 75	9 45	6 30	3 15
7	36 75	18 37 1/2	11 02 1/2	7 35	3 67 1/2
8	42 〃	21 〃	12 60	8 40	4 20
9	47 25	23 62 1/2	14 17 1/2	9 45	4 72 1/2
10	52 50	26 25	15 75	10 50	5 25
11	57 75	28 87 1/2	17 32 1/2	11 55	5 77 1/2
12	63 〃	31 50	18 90	12 60	6 30
13	68 25	34 12 1/2	20 47 1/2	13 65	6 82 1/2
14	73 50	36 75	22 05	14 70	7 35
15	78 75	39 37 1/2	23 62 1/2	15 75	7 87 1/2
16	84 〃	42 〃	25 20	16 80	8 40
17	89 25	44 62 1/2	26 77 1/2	17 85	8 92 1/2
18	94 50	47 25	28 35	18 90	9 45
19	99 75	49 87 1/2	29 92 1/2	19 95	9 97 1/2
20	105 〃	52 50	31 50	21 〃	10 50

Taxe du Pain Blanc à 58 c. ³/₄ le kilogr.

NOMBRE de volumes.	MICHES			
	DE 5 KILOG.	DE 3 KILOG.	DE 2 KILOG.	DE 1 KILOG.
1	2 93 ³/₄	1 76 ¹/₄	1 17 ¹/₂	〃 63 ³/₄
2	5 87 ¹/₂	3 52 ¹/₂	2 35	1 27 ¹/₂
3	8 81 ¹/₄	5 28 ³/₄	3 52 ¹/₂	1 91 ¹/₄
4	11 75	7 05	4 70	2 55
5	14 68 ³/₄	8 81 ¹/₄	5 87 ¹/₂	3 18 ³/₄
6	17 62 ¹/₂	10 57 ¹/₂	7 05	3 82 ¹/₂
7	20 56 ¹/₄	12 33 ³/₄	8 22 ¹/₂	4 46 ¹/₄
8	23 50	14 10	9 40	5 10
9	26 43 ³/₄	15 86 ¹/₄	10 57 ¹/₂	5 73 ³/₄
10	29 37 ¹/₂	17 62 ¹/₂	11 75	6 37 ¹/₂
11	32 31 ¹/₄	19 38 ³/₄	12 92 ¹/₂	7 01 ¹/₄
12	35 25	21 15	14 10	7 65
13	38 18 ³/₄	22 91 ¹/₄	15 27 ¹/₂	8 28 ³/₄
14	41 12 ¹/₂	24 67 ¹/₂	16 45	8 92 ¹/₂
15	44 06 ¹/₄	26 43 ³/₄	17 62 ¹/₂	9 56 ¹/₄
16	47 〃	28 20	18 80	10 20
17	49 93 ³/₄	29 96 ¹/₄	19 97 ¹/₂	10 83 ³/₄
18	52 87 ¹/₂	31 72 ¹/₂	21 15	11 47 ¹/₂
19	55 81 ¹/₄	33 48 ³/₄	22 32 ¹/₂	12 11 ¹/₄
20	58 75	35 25	23 50	12 75

Taxe du Pain Second à 53 c. ³/₄ le kilogr.

NOMBRE de volumes	PAINS				
	DE 10 KILOG	DE 5 KILOG.	DE 3 KILOG.	DE 2 KILOG	DE 1 KILOG.
1	5 37 ¹/₂	2 68 ³/₄	1 61 ¹/₄	1 07 ¹/₂	〃 53 ³/₄
2	10 75	5 37 ¹/₂	3 22 ¹/₂	2 15	1 07 ¹/₂
3	16 12 ¹/₂	8 06 ¹/₄	4 83 ³/₄	3 22 ¹/₂	1 61 ¹/₄
4	21 50	10 75	6 45	4 30	2 15
5	26 87 ¹/₂	13 43 ³/₄	8 06 ¹/₄	5 37 ¹/₂	2 68 ³/₄
6	32 25	16 12 ¹/₂	9 67 ¹/₂	6 45	3 22 ¹/₂
7	37 62 ¹/₂	18 81 ¹/₄	11 28 ³/₄	7 52 ¹/₂	3 76 ¹/₄
8	43 〃	21 50	12 90	8 60	4 30
9	48 37 ¹/₂	24 18 ³/₄	14 51 ¹/₄	9 67 ¹/₂	4 83 ³/₄
10	53 75	26 87 ¹/₂	16 12 ¹/₂	10 75	5 37 ¹/₂
11	59 12 ¹/₂	29 56 ¹/₄	17 73 ³/₄	11 82 ¹/₂	5 91 ¹/₄
12	64 50	32 25	19 35	12 90	6 45
13	69 87 ¹/₂	34 93 ³/₄	20 96 ¹/₄	13 97 ¹/₂	6 98 ³/₄
14	75 25	37 62 ¹/₂	22 57 ¹/₂	15 05	7 52 ¹/₂
15	80 62 ¹/₂	40 31 ¹/₄	24 18 ³/₄	16 12 ¹/₂	8 06 ¹/₄
16	86 〃	43 〃	25 80	17 20	8 60
17	91 37 ¹/₂	45 68 ³/₄	27 41 ¹/₄	18 27 ¹/₂	9 13 ³/₄
18	96 75	48 37 ¹/₂	29 02 ¹/₂	19 35	9 67 ¹/₂
19	102 12 ¹/₂	51 06 ¹/₄	30 63 ³/₄	20 42 ¹/₂	10 21 ¹/₄
20	107 50	53 75	32 25	21 50	10 75

Taxe du Pain Blanc à 60 c. le kilogr.				
NOMBRE de volumes.	MICHES			
	DE 5 KILOG.	DE 3 KILOG.	DE 2 KILOG.	DE 1 KILOG.
1	3 ″	1 80	1 20	″ 65
2	6 ″	3 60	2 40	1 30
3	9 ″	5 40	3 60	1 95
4	12 ″	7 20	4 80	2 60
5	15 ″	9 ″	6 ″	3 25
6	18 ″	10 80	7 20	3 90
7	21 ″	12 60	8 40	4 55
8	24 ″	14 40	9 60	5 20
9	27 ″	16 20	10 80	5 85
10	30 ″	18 ″	12 ″	6 50
11	33 ″	19 80	13 20	7 15
12	36 ″	21 60	14 40	7 80
13	39 ″	23 40	15 60	8 45
14	42 ″	25 20	16 80	9 10
15	45 ″	27 ″	18 ″	9 75
16	48 ″	28 80	19 20	10 40
17	51 ″	30 60	20 40	11 05
18	54 ″	32 40	21 60	11 70
19	57 ″	34 20	22 80	12 35
20	60 ″	36 ″	24 ″	13 ″

Taxe du Pain Second à 55 c. le kilogr.					
NOMBRE de volumes	PAINS				
	DE 10 KILOG	DE 5 KILOG.	DE 3 KILOG.	DE 2 KILOG.	DE 1 KILOG.
1	5 50	2 75	1 65	1 10	″ 55
2	11 ″	5 50	3 30	2 20	1 10
3	16 50	8 25	4 95	3 30	1 65
4	22 ″	11 ″	6 60	4 40	2 20
5	27 50	13 75	8 25	5 50	2 75
6	33 ″	16 50	9 90	6 60	3 30
7	38 50	19 25	11 55	7 70	3 85
8	44 ″	22 ″	13 20	8 80	4 40
9	49 50	24 75	14 85	9 90	4 95
10	55 ″	27 50	16 50	11 ″	5 50
11	60 50	30 25	18 15	12 10	6 05
12	66 ″	33 ″	19 80	13 20	6 60
13	71 50	35 75	21 45	14 30	7 15
14	77 ″	38 50	23 10	15 40	7 70
15	82 50	41 25	24 75	16 50	8 25
16	88 ″	44 ″	26 40	17 60	8 80
17	93 50	46 75	28 05	18 70	9 35
18	99 ″	49 50	29 70	19 80	9 90
19	104 50	52 25	31 35	20 90	10 45
20	110 ″	55 ″	33 ″	22 ″	11 ″

Taxe du Pain Blanc à 61 c. 1/4 le kilogr.

NOMBRE de volumes	MICHES DE 5 KILOG.	DE 3 KILOG.	DE 2 KILOG.	DE 1 KILOG.
1	3 06 1/4	1 83 3/4	1 22 1/2	″ 66 1/4
2	6 12 1/2	3 67 1/2	2 45	1 32 1/2
3	9 18 3/4	5 51 1/4	3 67 1/2	1 98 3/4
4	12 25	7 35	4 90	2 65
5	15 31 1/4	9 18 3/4	6 12 1/2	3 31 1/4
6	18 37 1/2	11 02 1/2	7 35	3 97 1/2
7	21 43 3/4	12 86 1/4	8 57 1/2	4 63 3/4
8	24 50	14 70	9 80	5 30
9	27 56 1/4	16 53 3/4	11 02 1/2	5 96 1/4
10	30 62 1/2	18 37 1/2	12 25	6 62 1/2
11	33 68 3/4	20 21 1/4	13 47 1/2	7 28 3/4
12	36 75	22 05	14 70	7 95
13	39 81 1/4	23 88 3/4	15 92 1/2	8 61 1/4
14	42 87 1/2	25 72 1/2	17 15	9 27 1/2
15	45 93 3/4	27 56 1/4	18 37 1/2	9 93 3/4
16	49 ″	29 40	19 60	10 60
17	52 06 1/4	31 23 3/4	20 82 1/2	11 26 1/4
18	55 12 1/2	33 07 1/2	22 05	11 92 1/2
19	58 18 3/4	34 91 1/4	23 27 1/2	12 58 3/4
20	61 25	36 75	24 50	13 25

Taxe du Pain Second à 56 c. 1/4 le kilogr.

NOMBRE de volumes	PAINS DE 10 KILO.	DE 5 KILOG.	DE 3 KILOG.	DE 2 KILOG.	DE 1 KILOG.
1	5 62 1/2	2 81 1/4	1 68 3/4	1 12 1/2	″ 56 1/4
2	11 25	5 62 1/2	3 37 1/2	2 25	1 12 1/2
3	16 87 1/2	8 43 3/4	5 06 1/4	3 37 1/2	1 68 3/4
4	22 50	11 25	6 75	4 50	2 25
5	28 12 1/2	14 06 1/4	8 43 3/4	5 62 1/2	2 81 1/4
6	33 75	16 87 1/2	10 12 1/2	6 75	3 37 1/2
7	39 37 1/2	19 68 3/4	11 81 1/4	7 87 1/2	3 93 3/4
8	45 ″	22 50	13 50	9 ″	4 50
9	50 62 1/2	25 31 1/4	15 18 3/4	10 12 1/2	5 06 1/4
10	56 25	28 12 1/2	16 87 1/2	11 25	5 62 1/2
11	61 87 1/2	30 93 3/4	18 56 1/4	12 37 1/2	6 18 3/4
12	67 50	33 75	20 25	13 50	6 75
13	73 12 1/2	36 56 1/4	21 93 3/4	14 62 1/2	7 31 1/4
14	78 75	39 37 1/2	23 62 1/2	15 75	7 87 1/2
15	84 37 1/2	42 18 3/4	25 31 1/4	16 87 1/2	8 43 3/4
16	90 ″	45 ″	27 ″	18 ″	9 ″
17	95 62 1/2	47 81 1/4	28 68 3/4	19 12 1/2	9 56 1/4
18	101 25	50 62 1/2	30 37 1/2	20 25	10 12 1/2
19	106 87 1/2	53 43 3/4	32 06 1/4	21 37 1/2	10 68 3/4
20	112 50	56 25	33 75	22 50	11 25

Taxe du Pain Blanc à 62 c. ½ le kilogr.

NOMBRE de volumes	MICHES DE 5 KILOG.	DE 3 KILOG.	DE 2 KILOG.	DE 1 KILOG.
1	3 12 ½	1 87 ½	1 25	″ 67 ½
2	6 25	3 75	2 50	1 35
3	9 37 ½	5 62 ½	3 75	2 02 ½
4	12 50	7 50	5 ″	2 70
5	15 62 ½	9 37 ½	6 25	3 37 ½
6	18 75	11 25	7 50	4 05
7	21 87 ½	13 12 ½	8 75	4 72 ½
8	25 ″	15 ″	10 ″	5 40
9	28 12 ½	16 87 ½	11 25	6 07 ½
10	31 25	18 75	12 50	6 75
11	34 37 ½	20 62 ½	13 75	7 42 ½
12	37 50	22 50	15 ″	8 10
13	40 62 ½	24 37 ½	16 25	8 77 ½
14	43 75	26 25	17 50	9 45
15	46 87 ½	28 12 ½	18 75	10 12 ½
16	50 ″	30 ″	20 ″	10 80
17	53 12 ½	31 87 ½	21 25	11 47 ½
18	56 25	33 75	22 50	12 15
19	59 37 ½	35 62 ½	23 75	12 82 ½
20	62 50	37 50	25 ″	13 50

Taxe du Pain Second à 57 c. ½ le kilogr.

NOMBRE de volumes	PAINS DE 10 KILO.	DE 5 KILOG.	DE 3 KILOG.	DE 2 KILOG.	DE 1 KILOG.
1	5 75	2 87 ½	1 72 ½	1 15	″ 57 ½
2	11 50	5 75	3 45	2 30	1 15
3	17 25	8 62 ½	5 17 ½	3 45	1 72 ½
4	23 ″	11 50	6 90	4 60	2 30
5	28 75	14 37 ½	8 62 ½	5 75	2 87 ½
6	34 50	17 25	10 35	6 90	3 45
7	40 25	20 12 ½	12 07 ½	8 05	4 02 ½
8	46 ″	23 ″	13 80	9 20	4 60
9	51 75	25 87 ½	15 52 ½	10 35	5 17 ½
10	57 50	28 75	17 25	11 50	5 75
11	63 25	31 62 ½	18 97 ½	12 65	6 32 ½
12	69 ″	34 50	20 70	13 80	6 90
13	74 75	37 37 ½	22 42 ½	14 95	7 47 ½
14	80 50	40 25	24 15	16 10	8 05
15	86 25	43 12 ½	25 87 ½	17 25	8 62 ½
16	92 ″	46 ″	27 60	18 40	9 20
17	97 75	48 87 ½	29 32 ½	19 55	9 77 ½
18	103 50	51 75	31 05	20 70	10 35
19	109 25	54 62 ½	32 77 ½	21 85	10 92 ½
20	115 ″	57 50	34 50	23 ″	11 50

Taxe du Pain Blanc à 63 c. 3/4 le kilogr.					*Taxe du Pain Second à 58 c. 3/4 le kilogr.*					
NOMBRE de volumes.	MICHES				NOMBRE de volumes.	PAINS				
	DE 5 KILOG.	DE 3 KILOG.	DE 2 KILOG	DE 1 KILOG.		DE 10 KILOG	DE 5 KILOG.	DE 3 KILOG.	DE 2 KILOG.	DE 1 KILOG.
1	3 18 3/4	1 91 1/4	1 27 1/2	// 68 3/4	1	5 87 1/2	2 93 3/4	1 76 1/4	1 17 1/2	// 58 3/4
2	6 37 1/2	3 82 1/2	2 55	1 37 1/2	2	11 75	5 87 1/2	3 52 1/2	2 35	1 17 1/2
3	9 56 1/4	5 73 3/4	3 82 1/2	2 06 1/4	3	17 62 1/2	8 81 1/4	5 28 3/4	3 52 1/2	1 76 1/4
4	12 75	7 65	5 10	2 75	4	23 50	11 75	7 05	4 70	2 35
5	15 93 3/4	9 56 1/4	6 37 1/2	3 43 3/4	5	29 37 1/2	14 68 3/4	8 81 1/4	5 87 1/2	2 93 3/4
6	19 12 1/2	11 47 1/2	7 65	4 12 1/2	6	35 25	17 62 1/2	10 57 1/2	7 05	3 52 1/2
7	22 31 1/4	13 38 3/4	8 92 1/2	4 81 1/4	7	41 12 1/2	20 56 1/4	12 33 3/4	8 22 1/2	4 11 1/4
8	25 50	15 30	10 20	5 50	8	47 //	23 50	14 10	9 40	4 70
9	28 68 3/4	17 21 1/4	11 47 1/2	6 18 3/4	9	52 87 1/2	26 43 3/4	15 86 1/4	10 57 1/2	5 28 3/4
10	31 87 1/2	19 12 1/2	12 75	6 87 1/2	10	58 75	29 37 1/2	17 62 1/2	11 75	5 87 1/2
11	35 06 1/4	21 03 3/4	14 02 1/2	7 56 1/4	11	64 62 1/2	32 31 1/4	19 38 3/4	12 92 1/2	6 46 1/4
12	38 25	22 95	15 30	8 25	12	70 50	35 25	21 15	14 10	7 05
13	41 43 3/4	24 86 1/4	16 57 1/2	8 93 3/4	13	76 37 1/2	38 18 3/4	22 91 1/4	15 27 1/2	7 63 3/4
14	44 62 1/2	26 77 1/2	17 85	9 62 1/2	14	82 25	41 12 1/2	24 67 1/2	16 45	8 22 1/2
15	47 81 1/4	28 68 3/4	19 12 1/2	10 31 1/4	15	88 12 1/2	44 06 1/4	26 43 3/4	17 62 1/2	8 81 1/4
16	51 //	30 60	20 40	11 //	16	94 //	47 //	28 20	18 80	9 40
17	54 18 3/4	32 51 1/4	21 67 1/2	11 68 3/4	17	99 87 1/2	49 93 3/4	29 96 1/4	19 97 1/2	9 98 3/4
18	57 37 1/2	34 42 1/2	22 95	12 37 1/2	18	105 75	52 87 1/2	31 72 1/2	21 15	10 57 1/2
19	60 56 1/4	36 33 3/4	24 22 1/2	13 06 1/4	19	111 62 1/2	55 81 1/4	33 48 3/4	22 32 1/2	11 16 1/4
20	63 75	38 25	25 50	13 75	20	117 50	58 75	35 25	23 50	11 75

Taxe du Pain Blanc à 63 c. ¾ le kilogr.				
Nombre de miches	MICHES de 5 kilos	de 3 kilos	de 2 kilos	de 1 kilo
1	3 18¾	1 91¼	1 27½	» 63¾
2	6 37½	3 82½	2 55	1 27½
3	9 56¼	5 73¾	3 82½	1 91¼
4	12 75	7 65	5 10	2 55
5	15 93¾	9 56¼	6 37½	3 18¾
6	19 12½	11 47½	7 65	3 82½
7	22 31¼	13 38¾	8 92½	4 46¼
8	25 50	15 30	10 20	5 10
9	28 68¾	17 21¼	11 47½	5 73¾
10	31 87½	19 12½	12 75	6 37½
11	35 06¼	21 03¾	14 02½	7 01¼
12	38 25	22 95	15 30	7 65
13	41 43¾	24 86¼	16 57½	8 28¾
14	44 62½	26 77½	17 85	8 92½
15	47 81¼	28 68¾	19 12½	9 56¼
16	51 »	30 60	20 40	10 20
17	54 18¾	32 51¼	21 67½	10 83¾
18	57 37½	34 42½	22 95	11 47½
19	60 56¼	36 33¾	24 22½	12 11¼
20	63 75	38 25	25 50	12 75

Taxe du Pain Second à 58 c. ¾ le kilogr.					
Nombre de pains	PAINS de 10 kilos	de 5 kilos	de 3 kilos	de 2 kilos	de 1 kilo
1	5 87½	2 93¾	1 76¼	1 17½	» 58¾
2	11 75	5 87½	3 52½	2 35	1 17½
3	17 62½	8 81¼	5 28¾	3 52½	1 76¼
4	23 50	11 75	7 05	4 70	2 35
5	29 37½	14 68¾	8 81¼	5 87½	2 93¾
6	35 25	17 62½	10 57½	7 05	3 52½
7	41 12½	20 56¼	12 33¾	8 22½	4 11¼
8	47 »	23 50	14 10	9 40	4 70
9	52 87½	26 43¾	15 86¼	10 57½	5 28¾
10	58 75	29 37½	17 62½	11 75	5 87½
11	64 62½	32 31¼	19 38¾	12 92½	6 46¼
12	70 50	35 25	21 15	14 10	7 05
13	76 37½	38 18¾	22 91¼	15 27½	7 63¾
14	82 25	41 12½	24 67½	16 45	8 22½
15	88 12½	44 06¼	26 43¾	17 62½	8 81¼
16	94 »	47 »	28 20	18 80	9 40
17	99 87½	49 93¾	29 96¼	19 97½	9 98¾
18	105 75	52 87½	31 72½	21 15	10 57½
19	111 62½	55 81¼	33 48¾	22 32½	11 16¼
20	117 50	58 75	35 25	23 50	11 75

Taxe du Pain Blanc à 65 c. le kilogr.				
NOMBRE de volumes	MICHES			
	DE 5 KILOG.	DE 3 KILOG.	DE 2 KILOG.	DE 1 KILOG.
1	3 25	1 95	1 30	″ 70
2	6 50	3 90	2 60	1 40
3	9 75	5 85	3 90	2 10
4	13 ″	7 80	5 20	2 80
5	16 25	9 75	6 50	3 50
6	19 50	11 70	7 80	4 20
7	22 75	13 65	9 10	4 90
8	26 ″	15 60	10 40	5 60
9	29 25	17 55	11 70	6 30
10	32 50	19 50	13 ″	7 ″
11	35 75	21 45	14 30	7 70
12	39 ″	23 40	15 60	8 40
13	42 25	25 35	16 90	9 10
14	45 50	27 30	18 20	9 80
15	48 75	29 25	19 50	10 50
16	52 ″	31 20	20 80	11 20
17	55 25	33 15	22 10	11 90
18	58 50	35 10	23 40	12 60
19	61 75	37 05	24 70	13 30
20	65 ″	39 ″	26 ″	14 ″

Taxe du Pain Second à 60 c. le kilogr.					
NOMBRE de volumes	PAINS				
	DE 10 KILOG	DE 5 KILOG.	DE 3 KILOG.	DE 2 KILOG.	DE 1 KILOG.
1	6 ″	3 ″	1 80	1 20	″ 60
2	12 ″	6 ″	3 60	2 40	1 20
3	18 ″	9 ″	5 40	3 60	1 80
4	24 ″	12 ″	7 20	4 80	2 40
5	30 ″	15 ″	9 ″	6 ″	3 ″
6	36 ″	18 ″	10 80	7 20	3 60
7	42 ″	21 ″	12 60	8 40	4 20
8	48 ″	24 ″	14 40	9 60	4 80
9	54 ″	27 ″	16 20	10 80	5 40
10	60 ″	30 ″	18 ″	12 ″	6 ″
11	66 ″	33 ″	19 80	13 20	6 60
12	72 ″	36 ″	21 60	14 40	7 20
13	78 ″	39 ″	23 40	15 60	7 80
14	84 ″	42 ″	25 20	16 80	8 40
15	90 ″	45 ″	27 ″	18 ″	9 ″
16	96 ″	48 ″	28 80	19 20	9 60
17	102 ″	51 ″	30 60	20 40	10 20
18	108 ″	54 ″	32 40	21 60	10 80
19	114 ″	57 ″	34 20	22 80	11 40
20	120 ″	60 ″	36 ″	24 ″	12 ″

Taxe du Pain Blanc à 66 c. 1/4 le kilogr.

NOMBRE de volumes	MICHES DE 5 KILOG.	DE 3 KILOG.	DE 2 KILOG.	DE 1 KILOG.
1	3 31 1/4	1 98 3/4	1 32 1/2	″ 71 1/4
2	6 62 1/2	3 97 1/2	2 65	1 42 1/2
3	9 93 3/4	5 96 1/4	3 97 1/2	2 13 3/4
4	13 25	7 95	5 30	2 85
5	16 56 1/4	9 93 3/4	6 62 1/2	3 56 1/4
6	19 87 1/2	11 92 1/2	7 95	4 27 1/2
7	23 18 3/4	13 91 1/4	9 27 1/2	4 98 3/4
8	26 50	15 90	10 60	5 70
9	29 81 1/4	17 88 3/4	11 92 1/2	6 41 1/4
10	33 12 1/2	19 87 1/2	13 25	7 12 1/2
11	36 43 3/4	21 86 1/4	14 57 1/2	7 83 3/4
12	39 75	23 85	15 90	8 55
13	43 06 1/4	25 83 3/4	17 22 1/2	9 26 1/4
14	46 37 1/2	27 82 1/2	18 55	9 97 1/2
15	49 68 3/4	29 81 1/4	19 87 1/2	10 68 3/4
16	53 ″	31 80	21 20	11 40
17	56 31 1/4	33 78 3/4	22 52 1/2	12 11 1/4
18	59 62 1/2	35 77 1/2	23 85	12 82 1/2
19	62 93 3/4	37 76 1/4	25 17 1/2	13 53 3/4
20	66 25	39 75	26 50	14 25

Taxe du Pain Second à 61 c. 1/4 le kilogr.

NOMBRE de volumes	PAINS DE 10 KILO.	DE 5 KILOG.	DE 3 KILOG.	DE 2 KILOG.	DE 1 KILOG.
1	6 12 1/2	3 06 1/4	1 83 3/4	1 22 1/2	″ 61 1/4
2	12 25	6 12 1/2	3 67 1/2	2 45	1 22 1/2
3	18 37 1/2	9 18 5/4	5 51 1/4	3 67 1/2	1 83 3/4
4	24 50	12 25	7 35	4 90	2 45
5	30 62 1/2	15 31 1/4	9 18 3/4	6 12 1/2	3 06 1/4
6	36 75	18 37 1/2	11 02 1/2	7 35	3 67 1/2
7	42 87 1/2	21 43 3/4	12 86 1/4	8 57 1/2	4 28 3/4
8	49 ″	24 50	14 70	9 80	4 90
9	55 12 1/2	27 56 1/4	16 53 5/4	11 02 1/2	5 51 1/4
10	61 25	30 62 1/2	18 37 1/2	12 25	6 12 1/2
11	67 37 1/2	33 68 3/4	20 21 1/4	13 47 1/2	6 73 3/4
12	73 50	36 75	22 05	14 70	7 35
13	79 62 1/2	39 81 1/4	23 88 3/4	15 92 1/2	7 96 1/4
14	85 75	42 87 1/2	25 72 1/2	17 15	8 57 1/2
15	91 87 1/2	45 93 3/4	27 56 1/4	18 37 1/2	9 18 3/4
16	98 ″	49 ″	29 40	19 60	9 80
17	104 12 1/2	52 06 1/4	31 23 3/4	20 82 1/2	10 41 1/4
18	110 25	55 12 1/2	33 07 1/2	22 05	11 02 1/2
19	116 37 1/2	58 18 3/4	34 91 1/4	23 27 1/2	11 63 3/4
20	122 50	61 25	36 75	24 50	12 25

Taxe du Pain Blanc à 67 c. ½ le kilogr.

NOMBRE de volumes	MICHES DE 5 KILOG.	DE 3 KILOG.	DE 2 KILOG.	DE 1 KILOG.
1	3 37 ½	2 02 ½	1 35	″ 72 ½
2	6 75	4 05	2 70	1 45
3	10 12 ½	6 07 ½	4 05	2 17 ½
4	13 50	8 10	5 40	2 90
5	16 87 ½	10 12 ½	6 75	3 62 ½
6	20 25	12 15	8 10	4 35
7	23 62 ½	14 17 ½	9 45	5 07 ½
8	27 ″	16 20	10 80	5 80
9	30 37 ½	18 22 ½	12 15	6 52 ½
10	33 75	20 25	13 50	7 25
11	37 12 ½	22 27 ½	14 85	7 97 ½
12	40 50	24 30	16 20	8 70
13	43 87 ½	26 32 ½	17 55	9 42 ½
14	47 25	28 35	18 90	10 15
15	50 62 ½	30 37 ½	20 25	10 87 ½
16	54 ″	32 40	21 60	11 60
17	57 37 ½	34 42 ½	22 95	12 32 ½
18	60 75	36 45	24 30	13 05
19	64 12 ½	38 47 ½	25 65	13 77 ½
20	67 50	40 50	27 ″	14 50

Taxe du Pain Second à 62 c. ½ le kilogr.

NOMBRE de volumes	PAINS DE 10 KILO.	DE 5 KILOG.	DE 3 KILOG.	DE 2 KILOG.	DE 1 KILOG.
1	6 25	3 12 ½	1 87 ½	1 25	″ 62 ½
2	12 50	6 25	3 75	2 50	1 25
3	18 75	9 37 ½	5 62 ½	3 75	1 87 ½
4	25 ″	12 50	7 50	5 ″	2 50
5	31 25	15 62 ½	9 37 ½	6 25	3 12 ½
6	37 50	18 75	11 25	7 50	3 75
7	43 75	21 87 ½	13 12 ½	8 75	4 37 ½
8	50 ″	25 ″	15 ″	10 ″	5 ″
9	56 25	28 12 ½	16 87 ½	11 25	5 62 ½
10	62 50	31 25	18 75	12 50	6 25
11	68 75	34 37 ½	20 62 ½	13 75	6 87 ½
12	75 ″	37 50	22 50	15 ″	7 50
13	81 25	40 62 ½	24 37 ½	16 25	8 12 ½
14	87 50	43 75	26 25	17 50	8 75
15	93 75	46 87 ½	28 12 ½	18 75	9 37 ½
16	100 ″	50 ″	30 ″	20 ″	10 ″
17	106 25	53 12 ½	31 87 ½	21 25	10 62 ½
18	112 50	56 25	33 75	22 50	11 25
19	118 75	59 37 ½	35 62 ½	23 75	11 87 ½
20	125 ″	62 50	37 50	25 ″	12 50

Taxe du Pain Blanc à 68 c. 3/4 le kilogr.				
NOMBRE	MICHES			
volumes.	DE 5 KILOG.	DE 3 KILOG.	DE 2 KILOG.	DE 1 KILOG.
1	3 43 3/4	2 06 1/4	1 37 1/2	″ 73 3/4
2	6 87 1/2	4 12 1/2	2 75	1 47 1/2
3	10 31 1/4	6 18 3/4	4 12 1/2	2 21 1/4
4	13 75	8 25	5 50	2 95
5	17 18 3/4	10 31 1/4	6 87 1/2	3 68 3/4
6	20 62 1/2	12 37 1/2	8 25	4 42 1/2
7	24 06 1/4	14 43 3/4	9 62 1/2	5 16 1/4
8	27 50	16 50	11 ″	5 90
9	30 93 3/4	18 56 1/4	12 37 1/2	6 63 3/4
10	34 37 1/2	20 62 1/2	13 75	7 37 1/2
11	37 81 1/4	22 68 3/4	15 12 1/2	8 11 1/4
12	41 25	24 75	16 50	8 85
13	44 68 3/4	26 81 1/4	17 87 1/2	9 58 3/4
14	48 12 1/2	28 87 1/2	19 25	10 32 1/2
15	51 56 1/4	30 93 3/4	20 62 1/2	11 06 1/4
16	55 ″	33 ″	22 ″	11 80
17	58 43 3/4	35 06 1/4	23 37 1/2	12 53 3/4
18	61 87 1/2	37 12 1/2	24 75	13 27 1/2
19	65 31 1/4	39 18 3/4	26 12 1/2	14 01 1/4
20	68 75	41 25	27 50	14 75

Taxe du Pain Second à 63 c. 3/4 le kilogr.					
NOMBRE de	PAINS				
volumes	DE 10 KILOG	DE 5 KILOG.	DE 3 KILOG.	DE 2 KILOG	DE 1 KILOG.
1	6 37 1/2	3 18 3/4	1 91 1/4	1 27 1/2	″ 63 3/4
2	12 75	6 37 1/2	3 82 1/2	2 55	1 27 1/2
3	19 12 1/2	9 56 1/4	5 73 3/4	3 82 1/2	1 91 1/4
4	25 50	12 75	7 65	5 10	2 55
5	31 87 1/2	15 93 3/4	9 56 1/4	6 37 1/2	3 18 3/4
6	38 25	19 12 1/2	11 47 1/2	7 65	3 82 1/2
7	44 62 1/2	22 31 1/4	13 38 3/4	8 92 1/2	4 46 1/4
8	51 ″	25 50	15 30	10 20	5 10
9	57 37 1/2	28 68 3/4	17 21 1/4	11 47 1/2	5 73 3/4
10	63 75	31 87 1/2	19 12 1/2	12 75	6 37 1/2
11	70 12 1/2	35 06 1/4	21 03 3/4	14 02 1/2	7 01 1/4
12	76 50	38 25	22 95	15 30	7 65
13	82 87 1/2	41 43 3/4	24 86 1/4	16 57 1/2	8 28 3/4
14	89 25	44 62 1/2	26 77 1/2	17 85	8 92 1/2
15	95 62 1/2	47 81 1/4	28 68 3/4	19 12 1/2	9 56 1/4
16	102 ″	51 ″	30 60	20 40	10 20
17	108 37 1/2	54 18 3/4	32 51 1/4	21 67 1/2	10 83 3/4
18	114 75	57 37 1/2	34 42 1/2	22 95	11 47 1/2
19	121 12 1/2	60 56 1/4	36 33 3/4	24 22 1/2	12 11 1/4
20	127 50	63 75	38 25	25 50	12 75

Taxe du Pain Blanc à 70 c. le kilogr.

NOMBRE de volumes	MICHES DE 5 KILOG.	DE 3 KILOG.	DE 2 KILOG.	DE 1 KILOG.
1	3 50	2 10	1 40	″ 75
2	7 ″	4 20	2 80	1 50
3	10 50	6 30	4 20	2 25
4	14 ″	8 40	5 60	3 ″
5	17 50	10 50	7 ″	3 75
6	21 ″	12 60	8 40	4 50
7	24 50	14 70	9 80	5 25
8	28 ″	16 80	11 20	6 ″
9	31 50	18 90	12 60	6 75
10	35 ″	21 00	14 ″	7 50
11	38 50	23 10	15 40	8 25
12	42 ″	25 20	16 80	9 ″
13	45 50	27 30	18 20	9 75
14	49 ″	29 40	19 60	10 50
15	52 50	31 50	21 ″	11 25
16	56 ″	33 60	22 40	12 ″
17	59 50	35 70	23 80	12 75
18	63 ″	37 80	25 20	13 50
19	66 50	39 90	26 60	14 25
20	70 ″	42 00	28 ″	15 ″

Taxe du Pain Second à 65 c. le kilogr.

NOMBRE de volumes	PAINS DE 10 KILOG	DE 5 KILOG.	DE 3 KILOG.	DE 2 KILOG.	DE 1 KILOG.
1	6 50	3 25	1 95	1 30	″ 65
2	13 ″	6 50	3 90	2 60	1 30
3	19 50	9 75	5 85	3 90	1 95
4	26 ″	13 ″	7 80	5 20	2 60
5	32 50	16 25	9 75	6 50	3 25
6	39 ″	19 50	11 70	7 80	3 90
7	45 50	22 75	13 65	9 10	4 55
8	52 ″	26 ″	15 60	10 40	5 20
9	58 50	29 25	17 55	11 70	5 85
10	65 ″	32 50	19 50	13 ″	6 50
11	71 50	35 75	21 45	14 30	7 15
12	78 ″	39 ″	23 40	15 60	7 80
13	84 50	42 25	25 35	16 90	8 45
14	91 ″	45 50	27 30	18 20	9 10
15	97 50	48 75	29 25	19 50	9 75
16	104 ″	52 ″	31 20	20 80	10 40
17	110 50	55 25	33 15	22 10	11 05
18	117 ″	58 50	35 10	23 40	11 70
19	123 50	61 75	37 05	24 70	12 35
20	130 ″	65 ″	39 ″	26 ″	13 ″

Taxe du Pain Blanc à 70 c. le kilog.					Taxe du Pain Second à 65 c. le kilog.					
	MICHES					PAINS				
Kilog.	de 5 kilos.	de 3 kilos.	de 2 kilos.	de 1 kilog.	Kilog.	de 10 kilos.	de 4 kilos.	de 3 kilos.	de 2 kilos.	de 1 kilos.
1	[illegible]	[illegible]	[illegible]	[illegible]	1	[illegible]	[illegible]	[illegible]	[illegible]	[illegible]
2	[illegible]	[illegible]	[illegible]	[illegible]	2	[illegible]	[illegible]	[illegible]	[illegible]	[illegible]
3	[illegible]	[illegible]	[illegible]	[illegible]	3	[illegible]	[illegible]	[illegible]	[illegible]	[illegible]
4	[illegible]	[illegible]	[illegible]	[illegible]	4	[illegible]	[illegible]	[illegible]	[illegible]	[illegible]
5	[illegible]	[illegible]	[illegible]	[illegible]	5	[illegible]	[illegible]	[illegible]	[illegible]	[illegible]
6	[illegible]	[illegible]	[illegible]	[illegible]	6	[illegible]	[illegible]	[illegible]	[illegible]	[illegible]
7	[illegible]	[illegible]	[illegible]	[illegible]	7	[illegible]	[illegible]	[illegible]	[illegible]	[illegible]
8	[illegible]	[illegible]	[illegible]	[illegible]	8	[illegible]	[illegible]	[illegible]	[illegible]	[illegible]
9	[illegible]	[illegible]	[illegible]	[illegible]	9	[illegible]	[illegible]	[illegible]	[illegible]	[illegible]
10	[illegible]	[illegible]	[illegible]	[illegible]	10	[illegible]	[illegible]	[illegible]	[illegible]	[illegible]
11	[illegible]	[illegible]	[illegible]	[illegible]	11	[illegible]	[illegible]	[illegible]	[illegible]	[illegible]
12	[illegible]	[illegible]	[illegible]	[illegible]	12	[illegible]	[illegible]	[illegible]	[illegible]	[illegible]
13	[illegible]	[illegible]	[illegible]	[illegible]	13	[illegible]	[illegible]	[illegible]	[illegible]	[illegible]
14	[illegible]	[illegible]	[illegible]	[illegible]	14	[illegible]	[illegible]	[illegible]	[illegible]	[illegible]
15	[illegible]	[illegible]	[illegible]	[illegible]	15	[illegible]	[illegible]	[illegible]	[illegible]	[illegible]
16	[illegible]	[illegible]	[illegible]	[illegible]	16	[illegible]	[illegible]	[illegible]	[illegible]	[illegible]
17	[illegible]	[illegible]	[illegible]	[illegible]	17	[illegible]	[illegible]	[illegible]	[illegible]	[illegible]
18	[illegible]	[illegible]	[illegible]	[illegible]	18	[illegible]	[illegible]	[illegible]	[illegible]	[illegible]
19	[illegible]	[illegible]	[illegible]	[illegible]	19	[illegible]	[illegible]	[illegible]	[illegible]	[illegible]
20	[illegible]	[illegible]	[illegible]	[illegible]	20	[illegible]	[illegible]	[illegible]	[illegible]	[illegible]

Taxe du Pain Blanc à 71 c. 1/4 le kilogr.

Nombre de volumes	Miches de 5 kilog.	Miches de 3 kilog.	Miches de 2 kilog.	Miches de 1 kilog.
1	3 56 1/4	2 13 3/4	1 42 1/2	″ 76 1/4
2	7 12 1/2	4 27 1/2	2 85	1 52 1/2
3	10 68 3/4	6 41 1/4	4 27 1/2	2 28 3/4
4	14 25	8 55	5 70	3 05
5	17 81 1/4	10 68 3/4	7 12 1/2	3 81 1/4
6	21 37 1/2	12 82 1/2	8 55	4 57 1/2
7	24 93 3/4	14 96 1/4	9 97 1/2	5 33 3/4
8	28 50	17 10	11 40	6 10
9	32 06 1/4	19 23 3/4	12 82 1/2	6 86 1/4
10	35 62 1/2	21 37 1/2	14 25	7 62 1/2
11	39 18 3/4	23 51 1/4	15 67 1/2	8 38 3/4
12	42 75	25 65	17 10	9 15
13	46 31 1/4	27 78 3/4	18 52 1/2	9 91 1/4
14	49 87 1/2	29 92 1/2	19 95	10 67 1/2
15	53 43 3/4	32 06 1/4	21 37 1/2	11 43 3/4
16	57 ″	34 20	22 80	12 20
17	60 56 1/4	36 33 3/4	24 22 1/2	12 96 1/4
18	64 12 1/2	38 47 1/2	25 65	13 72 1/2
19	67 68 3/4	40 61 1/4	27 07 1/2	14 48 3/4
20	71 25	42 75	28 50	15 25

Taxe du Pain Second à 66 c. 1/4 le kilogr.

Nombre de volumes	Pains de 10 kilo.	Pains de 5 kilog.	Pains de 3 kilog.	Pains de 2 kilog.	Pains de 1 kilog.
1	6 62 1/2	3 31 1/4	1 98 3/4	1 32 1/2	″ 66 1/4
2	13 25	6 62 1/2	3 97 1/2	2 65	1 32 1/2
3	19 87 1/2	9 93 3/4	5 96 1/4	3 97 1/2	1 98 3/4
4	26 50	13 25	7 95	5 30	2 65
5	33 12 1/2	16 56 1/4	9 93 3/4	6 62 1/2	3 31 1/4
6	39 75	19 87 1/2	11 92 1/2	7 95	3 97 1/2
7	46 37 1/2	23 18 3/4	13 91 1/4	9 27 1/2	9 63 3/4
8	53 ″	26 50	15 90	10 60	5 30
9	59 62 1/2	29 81 1/4	17 88 3/4	11 92 1/2	5 96 1/4
10	66 25	33 12 1/2	19 87 1/2	13 25	6 62 1/2
11	72 87 1/2	36 43 3/4	21 86 1/4	14 57 1/2	7 28 3/4
12	79 50	39 75	23 85	15 90	7 95
13	86 12 1/2	43 06 1/4	25 83 3/4	17 22 1/2	8 61 1/4
14	92 75	46 37 1/2	27 82 1/2	18 55	9 27 1/2
15	99 37 1/2	49 68 3/4	29 81 1/4	19 87 1/2	9 93 3/4
16	106 ″	53 ″	31 80	21 20	10 60
17	112 62 1/2	56 31 1/4	33 78 3/4	22 52 1/2	11 26 1/4
18	119 25	59 62 1/2	35 77 1/2	23 85	11 92 1/2
19	125 87 1/2	62 93 3/4	37 76 1/4	25 17 1/2	12 58 3/4
20	132 50	66 25	39 75	26 50	13 25

Taxe du Pain Blanc à 72 c. ½ le kilogr.

NOMBRE de volumes	MICHES DE 5 KILOG.	DE 3 KILOG.	DE 2 KILOG.	DE 1 KILOG.
1	3 62 ½	2 17 ½	1 45	// 77 ½
2	7 25	4 35	2 90	1 55
3	10 87 ½	6 52 ½	4 35	2 32 ½
4	14 50	8 70	5 80	3 10
5	18 12 ½	10 87 ½	7 25	3 87 ½
6	21 75	13 05	8 70	4 65
7	25 37 ½	15 22 ½	10 15	5 42 ½
8	29 //	17 40	11 60	6 20
9	32 62 ½	19 57 ½	13 05	6 97 ½
10	36 25	21 75	14 50	7 75
11	39 87 ½	23 92 ½	15 95	8 52 ½
12	43 50	26 10	17 40	9 30
13	47 12 ½	28 27 ½	18 85	10 07 ½
14	50 75	30 45	20 30	10 85
15	54 37 ½	32 62 ½	21 75	11 62 ½
16	58 //	34 80	23 20	12 40
17	61 62 ½	36 97 ½	24 65	13 17 ½
18	65 25	39 15	26 10	13 95
19	68 87 ½	41 32 ½	27 55	14 72 ½
20	72 50	43 50	29 //	15 50

Taxe du Pain Second à 67 c. ½ le kilogr.

NOMBRE de volumes	PAINS DE 10 KILO.	DE 5 KILOG.	DE 3 KILOG.	DE 2 KILOG.	DE 1 KILOG.
1	6 75	3 37 ½	2 02 ½	1 35	// 67 ½
2	13 50	6 75	4 05	2 70	1 35
3	20 25	10 12 ½	6 07 ½	4 05	2 02 ½
4	27 //	13 50	8 10	5 40	2 70
5	33 75	16 87 ½	10 12 ½	6 75	3 37 ½
6	40 50	20 25	12 15	8 10	4 05
7	47 25	23 62 ½	14 17 ½	9 45	4 72 ½
8	54 //	27 //	16 20	10 80	5 40
9	60 75	30 37 ½	18 22 ½	12 15	6 07 ½
10	67 50	33 75	20 25	13 50	6 75
11	74 25	37 12 ½	22 27 ½	14 85	7 42 ½
12	81 //	40 50	24 30	16 20	8 10
13	87 75	43 87 ½	26 32 ½	17 55	8 77 ½
14	94 50	47 25	28 35	18 90	9 45
15	101 25	50 62 ½	30 37 ½	20 25	10 12 ½
16	108 //	54 //	32 40	21 60	10 80
17	114 75	57 87 ½	34 42 ½	22 95	11 47 ½
18	121 50	60 75	36 45	24 30	12 15
19	128 25	64 12 ½	38 47 ½	25 65	12 82 ½
20	135 //	67 50	40 50	27 »	13 50

Taxe du Pain Blanc à 73 c. 3/4 le kilogr.

NOMBRE de volumes.	MICHES DE 5 KILOG.	DE 3 KILOG.	DE 2 KILOG.	DE 1 KILOG.
1	3 68 3/4	2 21 1/4	1 47 1/2	〃 78 3/4
2	7 37 1/2	4 42 1/2	2 95	1 57 1/2
3	11 06 1/4	6 63 3/4	4 42 1/2	2 36 1/4
4	14 75	8 85	5 90	3 15
5	18 43 3/4	11 06 1/4	7 37 1/2	3 93 3/4
6	22 12 1/2	13 27 1/2	8 85	4 72 1/2
7	25 81 1/4	15 48 3/4	10 32 1/2	5 51 1/4
8	29 50	17 70	11 80	6 30
9	33 18 3/4	19 91 1/4	13 27 1/2	7 08 3/4
10	36 87 1/2	22 12 1/2	14 75	7 87 1/2
11	40 56 1/4	24 33 3/4	16 22 1/2	8 66 1/4
12	44 25	26 55	17 70	9 45
13	47 93 3/4	28 76 1/4	19 17 1/2	10 23 3/4
14	51 62 1/2	30 97 1/2	20 65	11 02 1/2
15	55 31 1/4	33 18 3/4	22 12 1/2	11 81 1/4
16	59 〃	35 40	23 60	12 60
17	62 68 3/4	37 61 1/4	25 07 1/2	13 38 3/4
18	66 37 1/2	39 82 1/2	26 55	14 17 1/2
19	70 06 1/4	42 03 3/4	28 02 1/2	14 96 1/4
20	73 75	44 25	29 50	15 75

Taxe du Pain Second à 68 c. 3/4 le kilogr.

NOMBRE de volumes	PAINS DE 10 KILOG	DE 5 KILOG.	DE 3 KILOG.	DE 2 KILOG	DE 1 KILOG.
1	6 87 1/2	3 43 3/4	2 06 1/4	1 37 1/2	〃 68 3/4
2	13 75	6 87 1/2	4 12 1/2	2 75	1 37 1/2
3	20 62 1/2	10 31 1/4	6 18 3/4	4 12 1/2	2 06 1/4
4	27 50	13 75	8 25	5 50	2 75
5	34 37 1/2	17 18 3/4	10 31 1/4	6 87 1/2	3 43 3/4
6	41 25	20 62 1/2	12 37 1/2	8 25	4 12 1/2
7	48 12 1/2	24 06 1/4	14 43 3/4	9 62 1/2	4 81 1/4
8	55 〃	27 50	16 50	11 〃	5 50
9	61 87 1/2	30 93 3/4	18 56 1/4	12 37 1/2	6 18 3/4
10	68 75	34 37 1/2	20 62 1/2	13 75	6 87 1/2
11	75 62 1/2	37 81 1/4	22 68 3/4	15 12 1/2	7 56 1/4
12	82 50	41 25	24 75	16 50	8 25
13	89 37 1/2	44 68 3/4	26 81 1/4	17 87 1/2	8 93 3/4
14	96 25	48 12 1/2	28 87 1/2	19 25	9 62 1/2
15	103 12 1/2	51 56 1/4	30 93 3/4	20 62 1/2	10 31 1/4
16	110 〃	55 〃	33 〃	22 〃	11 〃
17	116 87 1/2	58 43 3/4	35 06 1/4	23 37 1/2	11 68 3/4
18	123 75	61 87 1/2	37 12 1/2	24 75	12 37 1/2
19	130 62 1/2	65 31 1/4	39 18 3/4	26 12 1/2	13 06 1/4
20	137 50	68 75	41 25	27 50	13 75

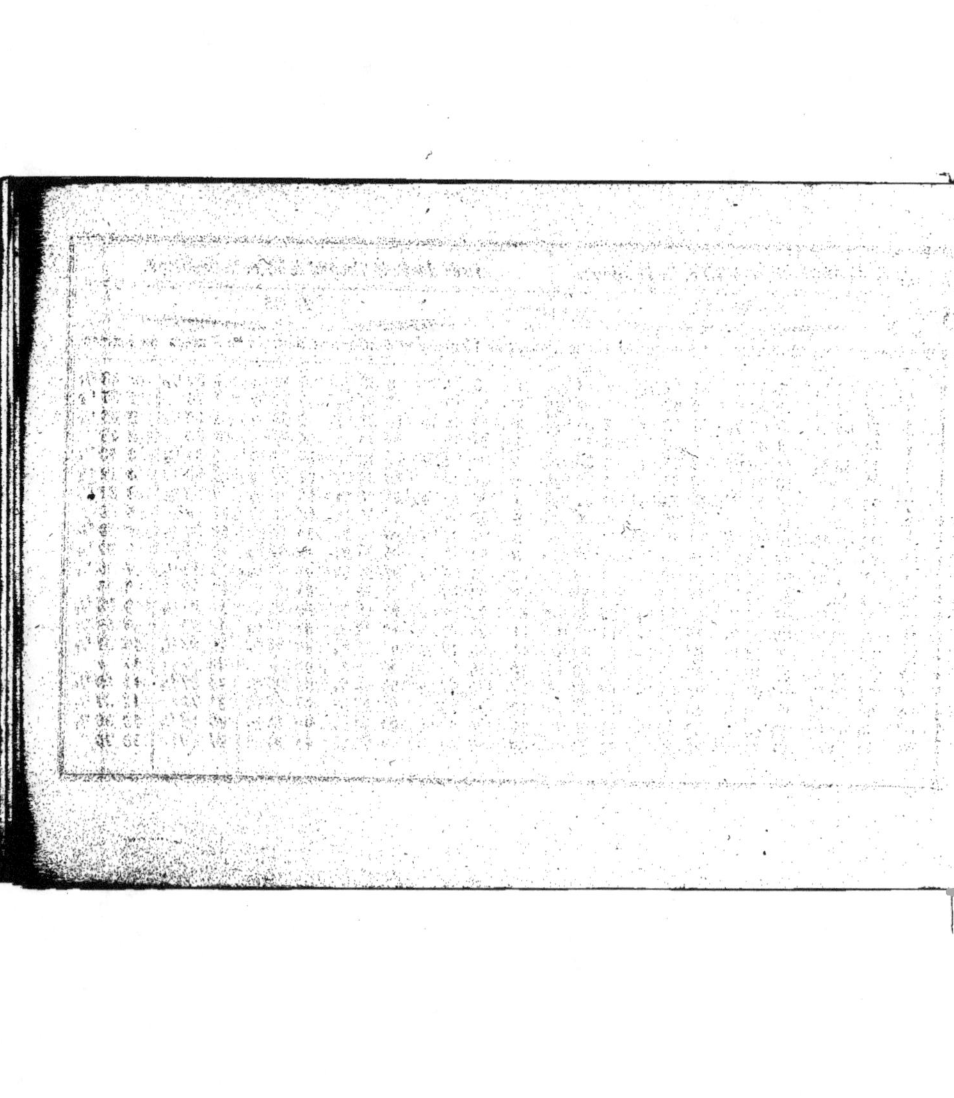

Taxe du Pain Blanc à 75 c. le kilogr.				
NOMBRE de volumes	MICHES			
	DE 5 KILOG.	DE 3 KILOG	DE 2 KILOG.	DE 1 KILOG.
1	3 75	2 25	1 50	″ 80
2	7 50	4 50	3 ″	1 60
3	11 25	6 75	4 50	2 40
4	15 ″	9 ″	6 ″	3 20
5	18 75	11 25	7 50	4 ″
6	22 50	13 50	9 ″	4 80
7	26 25	15 75	10 50	5 60
8	30 ″	18 ″	12 ″	6 40
9	33 75	20 25	13 50	7 20
10	37 50	22 50	15 ″	8 ″
11	41 25	24 75	16 50	8 80
12	45 ″	27 ″	18 ″	9 60
13	48 75	29 25	19 50	10 40
14	52 50	31 50	21 ″	11 20
15	56 25	33 75	22 50	12 ″
16	60 ″	36 ″	24 ″	12 80
17	63 75	38 25	25 50	13 60
18	67 50	40 50	27 ″	14 40
19	71 25	42 75	28 50	15 20
20	75 ″	45 ″	30 ″	16 ″

Taxe du Pain Second à 70 c. le kilogr.					
NOMBRE de volumes	PAINS				
	DE 10 KILOG	DE 5 KILOG.	DE 3 KILOG.	DE 2 KILOG.	DE 1 KILOG.
1	7 ″	3 50	2 10	1 40	″ 70
2	14 ″	7 ″	4 20	2 80	1 40
3	21 ″	10 50	6 30	4 20	2 10
4	28 ″	14 ″	8 40	5 60	2 80
5	35 ″	17 50	10 50	7 ″	3 50
6	42 ″	21 ″	12 60	8 40	4 20
7	49 ″	24 50	14 70	9 80	4 90
8	56 ″	28 ″	16 80	11 20	5 60
9	63 ″	31 50	18 90	12 60	6 30
10	70 ″	35 ″	21 ″	14 ″	7 ″
11	77 ″	38 50	23 10	15 40	7 70
12	84 ″	42 ″	25 20	16 80	8 40
13	91 ″	45 50	27 30	18 20	9 10
14	98 ″	49 ″	29 40	19 60	9 80
15	105 ″	52 50	31 50	21 ″	10 50
16	112 ″	56 ″	33 60	22 40	11 20
17	119 ″	59 50	35 70	23 80	11 90
18	126 ″	63 ″	37 80	25 20	12 60
19	133 ″	66 50	39 90	26 60	13 30
20	140 ″	70 ″	42 ″	28 ″	14 ″

Taxe des Pains Blancs de 500 grammes ou une livre.

PREMIER TABLEAU.

Nombres	A 17 c. 1/2	A 20 c.	A 22 c. 1/2	A 25 c.	A 27 c. 1/2	A 30 c.	A 32 c. 1/2	A 35 c.	A 37 c. 1/2	A 40 c.	A 42 c. 1/2
1	» 17 1/2	» 20	» 22 1/2	» 25	» 27 1/2	» 30	» 32 1/2	» 35	» 37 1/2	» 40	» 42 1/2
2	» 35	» 40	» 45	» 50	» 55	» 60	» 65	» 70	» 75	» 80	» 85
3	» 52 1/2	» 60	» 67 1/2	» 75	» 82 1/2	» 90	» 97 1/2	1 05	1 12 1/2	1 20	1 27 1/2
4	» 70	» 80	» 90	1 »	1 10	1 20	1 30	1 40	1 50	1 60	1 70
5	» 87 1/2	1 »	1 12 1/2	1 25	1 37 1/2	1 50	1 62 1/2	1 75	1 87 1/2	2 »	2 12 1/2
10	1 75	2 »	2 25	2 50	2 75	3 »	3 25	3 50	3 75	4 »	4 25
15	2 62 1/2	3 »	3 37 1/2	3 75	4 12 1/2	4 50	4 87 1/2	5 25	5 62 1/2	6 »	6 37 1/2
20	3 50	4 »	4 50	5 »	5 50	6 »	6 50	7 »	7 50	8 »	8 50
25	4 37 1/2	5 »	5 62 1/2	6 25	6 87 1/2	7 50	8 12 1/2	8 75	9 37 1/2	10 »	10 62 1/2
30	5 25	6 »	6 75	7 50	8 25	9 »	9 75	10 50	11 25	12 »	12 75
35	6 12 1/2	7 »	7 87 1/2	8 75	9 62 1/2	10 50	11 37 1/2	12 25	13 12 1/2	14 »	14 87 1/2
40	7 »	8 »	9 »	10 »	11 »	12 »	13 »	14 »	15 »	16 »	17 »
45	7 87 1/2	9 »	10 12 1/2	11 25	12 37 1/2	13 50	14 62 1/2	15 75	16 87 1/2	18 »	19 12 1/2
50	8 75	10 »	11 25	12 50	13 75	15 »	16 25	17 50	18 75	20 »	21 25
55	9 62 1/2	11 »	12 37 1/2	13 75	15 12 1/2	16 50	17 87 1/2	19 25	20 62 1/2	22 »	23 37 1/2
60	10 50	12 »	13 50	15 »	16 50	18 »	19 50	21 »	22 50	24 »	25 50
65	11 37 1/2	13 »	14 62 1/2	16 25	17 87 1/2	19 50	21 12 1/2	22 75	24 37 1/2	26 »	27 62 1/2
70	12 25	14 »	15 75	17 50	19 25	21 »	22 75	24 50	26 25	28 »	29 75
75	13 12 1/2	15 »	16 87 1/2	18 75	20 62 1/2	22 50	24 37 1/2	26 25	28 12 1/2	30 »	31 87 1/2
80	14 »	16 »	18 »	20 »	22 »	24 »	26 »	28 »	30 »	32 »	34 »
85	14 87 1/2	17 »	19 12 1/2	21 25	23 37 1/2	25 50	27 62 1/2	29 75	31 87 1/2	34 »	36 12 1/2
90	15 75	18 »	20 25	22 50	24 75	27 »	29 25	31 50	33 75	36 »	38 25
95	16 62 1/2	19 »	21 37 1/2	23 75	26 12 1/2	28 50	30 87 1/2	33 25	35 62 1/2	38 »	40 37 1/2
100	17 50	20 »	22 50	25 »	27 50	30 »	32 50	35 «	37 50	40 »	42 50

Taxe des Pains Blancs de 500 grammes ou une livre.

SECOND TABLEAU.

Nombres	À 45 c.	À 47 c. 1/2	À 50 c.	À 52 c. 1/2	À 55 c.	À 57 c. 1/2	À 60 c.	À 62 c. 1/2	À 65 c.	À 67 c. 1/2	À 70 c.
1	» 45	» 47 1/2	» 50	» 52 1/2	» 55	» 57 1/2	» 60	» 62 1/2	» 65	» 67 1/2	» 70
2	» 90	» 95	1 »	1 05	1 10	1 15	1 20	1 25	1 30	1 35	1 40
3	1 35	1 42 1/2	1 50	1 57 1/2	1 65	1 72 1/2	1 80	1 87 1/2	1 95	2 02 1/2	2 10
4	1 80	1 90	2 »	2 10	2 20	2 30	2 40	2 50	2 60	2 70	2 80
5	2 25	2 37 1/2	2 50	2 62 1/2	2 75	3 87 1/2	3 »	3 12 1/2	3 25	3 37 1/2	3 50
10	4 50	4 75	5 »	5 25	5 50	7 75	6 »	6 25	6 50	6 75	7 »
15	6 75	7 12 1/2	7 50	7 87 1/2	8 25	11 62 1/2	9 »	9 37 1/2	9 75	10 12 1/2	10 50
20	9 »	9 50	10 »	10 50	11 »	15 50	12 »	12 50	13 »	13 50	14 »
25	11 25	11 87 1/2	12 50	13 12 1/2	13 75	19 37 1/2	15 »	15 62 1/2	16 25	16 87 1/2	17 50
30	13 50	14 25	15 »	15 75	16 50	23 25	18 »	18 75	19 50	20 25	21 »
35	15 75	16 62 1/2	17 50	18 37 1/2	19 25	27 12 1/2	21 »	21 87 1/2	22 75	23 62 1/2	24 50
40	18 »	19 »	20 »	21 »	22 »	31 »	24 »	25 »	26 »	27 »	28 »
45	20 25	21 37 1/2	22 50	23 62 1/2	24 75	34 87 1/2	27 »	28 12 1/2	29 25	30 37 1/2	31 50
50	22 50	23 75	25 »	26 25	27 50	38 75	30 »	31 25	32 50	33 75	35 »
55	24 75	26 12 1/2	27 50	28 87 1/2	30 25	42 62 1/2	33 »	34 37 1/2	35 75	37 12 1/2	38 50
60	27 »	28 50	30 »	31 50	33 »	46 50	36 »	37 50	39 »	40 50	42 »
65	29 25	30 87 1/2	32 50	34 12 1/2	35 75	50 37 1/2	39 »	40 62 1/2	42 25	43 87 1/2	45 50
70	31 50	33 25	35 »	36 75	38 50	54 25	42 »	43 75	45 50	47 25	49 »
75	33 75	35 62 1/2	37 50	39 37 1/2	41 25	58 12 1/2	45 »	46 87 1/2	48 75	50 62 1/2	52 50
80	36 »	38 »	40 »	42 »	44 »	62 »	48 »	50 »	52 »	54 »	56 »
85	38 25	40 37 1/2	42 50	44 62 1/2	46 75	65 87 1/2	51 »	53 12 1/2	55 25	57 37 1/2	59 50
90	40 50	42 75	45 »	47 25	49 50	69 75	54 »	56 25	58 50	60 75	63 »
95	42 75	45 12 1/2	47 50	49 87 1/2	52 25	73 62 1/2	57 »	59 37 1/2	61 75	64 12 1/2	66 50
100	45 »	47 50	50 »	52 50	55 »	77 50	60 »	62 50	65 »	67 50	70 »

TAXES

DES

PAINS DE 6 ET 8 KILOGRAMMES.

[illegible]

[illegible]

Taxe des Pains de 6 kilogrammes ou 12 livres.

PREMIER TABLEAU.

Nombres.	A 20 c.	A 21 c. 1/4	1 22 c. 1/2	A 23 c. 3/4	A 25 c.	A 26 c. 1/4	A 27 c. 1/2	A 28 c. 3/4	A 30 c.	A 31 c. 1/4
1	1 20	1 27 1/2	1 35	1 42 1/2	1 50	1 57 1/2	1 65	1 72 1/2	1 80	1 87 1/2
2	2 40	2 55	2 70	2 85	3 〃	3 15	3 30	3 45	3 60	3 75
3	3 60	3 82 1/2	4 05	4 27 1/2	4 50	4 72 1/2	4 95	5 17 1/2	5 40	5 62 1/2
4	4 80	5 10	5 40	5 70	6 〃	6 30	6 60	6 90	7 20	7 50
5	6 〃	6 37 1/2	6 75	7 12 1/2	7 50	7 87 1/2	8 25	8 62 1/2	9 〃	9 37 1/2
6	7 20	7 65	8 10	8 55	9 〃	9 45	9 90	10 35	10 80	11 25
7	8 40	8 92 1/2	9 45	9 97 1/2	10 50	11 02 1/2	11 55	12 07 1/2	12 60	13 12 1/2
8	9 60	10 20	10 80	11 40	12 〃	12 60	13 20	13 80	14 40	15 〃
9	10 80	11 47 1/2	12 15	12 82 1/2	13 50	14 17 1/2	14 85	15 52 1/2	16 20	16 87 1/2
10	12 〃	12 75	13 50	14 25	15 〃	15 75	16 50	17 25	18 〃	18 75
11	13 20	14 02 1/2	14 85	15 67 1/2	16 50	17 32 1/2	18 15	18 97 1/2	19 80	20 62 1/2
12	14 40	15 30	16 20	17 10	18 〃	18 90	19 80	20 70	21 60	22 50
13	15 60	16 57 1/2	17 55	18 52 1/2	19 50	20 47 1/2	21 45	22 42 1/2	23 40	24 37 1/2
14	16 80	17 85	18 90	19 95	21 〃	22 05	23 10	24 15	25 20	26 25
15	18 〃	19 12 1/2	20 25	21 37 1/2	22 50	23 62 1/2	24 75	25 87 1/2	27 〃	28 12 1/2
16	19 20	20 40	21 60	22 80	24 〃	25 20	26 40	27 60	28 80	30 〃
17	20 40	22 67 1/2	22 95	24 22 1/2	25 50	26 77 1/2	28 05	29 32 1/2	30 60	31 87 1/2
18	21 60	22 95	24 30	25 65	27 〃	28 35	29 70	31 05	32 40	33 75
19	22 80	24 22 1/2	25 65	27 07 1/2	28 50	29 92 1/2	31 35	32 77 1/2	34 20	35 62 1/2
20	24 〃	25 50	27 〃	28 50	30 〃	31 50	33 〃	34 50	36 〃	37 50

Taxe des Pains de 6 kilogrammes ou 12 livres.

SECOND TABLEAU.

Nombres.	A 32 c. 1/2	A 33 c. 3/4	A 35 c.	A 36 c. 1/4	A 37 c. 1/2	A 38 c. 3/4	A 40 c.	A 41 c. 1/4	A 42 c. 1/2	A 43 c. 3/4
1	1 95	2 02 1/2	2 10	2 17 1/2	2 25	2 32 1/2	2 40	2 47 1/2	2 55	2 62 1/2
2	3 90	4 05	4 20	4 35	4 50	4 65	4 80	4 95	5 10	5 25
3	5 85	6 07 1/2	6 30	6 52 1/2	6 75	6 97 1/2	7 20	7 42 1/2	7 65	7 87 1/2
4	7 80	8 10	8 40	8 70	9 〃	9 30	9 60	9 90	10 20	10 50
5	9 75	10 12 1/2	10 50	10 87 1/2	11 25	11 62 1/2	12 〃	12 37 1/2	12 75	13 12 1/2
6	11 70	12 15	12 60	13 05	13 50	13 95	14 40	14 85	15 30	15 75
7	13 65	14 17 1/2	14 70	15 22 1/2	15 75	16 27 1/2	16 80	17 32 1/2	17 85	18 37 1/2
8	15 60	16 20	16 80	17 40	18 〃	18 60	19 20	19 80	20 40	21 〃
9	17 55	18 22 1/2	18 90	19 57 1/2	20 25	20 92 1/2	21 60	22 27 1/2	22 95	23 62 1/2
10	19 50	20 25	21 〃	21 75	22 50	23 25	24 〃	24 75	25 50	26 25
11	21 45	22 27 1/2	23 10	23 92 1/2	24 75	25 57 1/2	26 40	27 22 1/2	28 05	28 87 1/2
12	23 40	24 30	25 20	26 10	27 〃	27 90	28 80	29 70	30 60	31 50
13	25 35	26 32 1/2	27 30	28 27 1/2	29 25	30 22 1/2	31 20	32 17 1/2	33 15	34 12 1/2
14	27 30	28 35	29 40	30 45	31 50	32 55	33 60	34 65	35 70	36 75
15	29 25	30 37 1/2	31 50	32 62 1/2	33 75	34 87 1/2	36 〃	37 12 1/2	38 25	39 37 1/2
16	31 20	32 40	33 60	34 80	36 〃	37 20	38 40	39 60	40 80	42 〃
17	33 15	34 42 1/2	35 70	36 97 1/2	38 25	39 52 1/2	40 80	42 07 1/2	43 35	44 62 1/2
18	35 10	36 45	37 80	39 15	40 50	41 85	43 20	44 55	45 90	47 25
19	37 5	38 47 1/2	39 90	41 32 1/2	42 75	44 17 1/2	45 60	47 02 1/2	48 45	49 87 1/2
20	39 〃	40 50	42 〃	43 50	45 〃	46 50	48 〃	49 50	51 〃	52 50

Taxe des Pains de 6 kilogrammes ou 12 livres.

TROISIÈME TABLEAU.

Nombres	A 45 c.	A 46 c. 1/4	A 47 c. 1/2	A 48 c. 3/4	A 50 c.	A 51 c. 1/4	A 52 c. 1/2	A 53 c. 3/4	A 55 c.	A 56 c. 1/4
1	2 70	2 77 1/2	2 85	2 92 1/2	3 "	3 07 1/2	3 15	3 22 1/2	3 30	3 37 1/2
2	5 40	5 55	5 70	5 85	6 "	6 15	6 30	6 45	6 60	6 75
3	8 10	8 32 1/2	8 55	8 77 1/2	9 "	9 22 1/2	9 45	9 67 1/2	9 90	10 12 1/2
4	10 80	11 10	11 40	11 70	12 "	12 30	12 60	12 90	13 20	13 50
5	13 50	13 87 1/2	14 25	14 62 1/2	15 "	15 37 1/2	15 75	16 12 1/2	16 50	16 87 1/2
6	16 20	16 65	17 10	17 55	18 "	18 45	18 90	19 35	19 80	20 25
7	18 90	19 42 1/2	19 95	20 47 1/2	21 "	21 52 1/2	22 05	22 57 1/2	23 10	23 62 1/2
8	21 60	22 20	22 80	23 40	24 "	24 60	25 20	25 80	26 40	27 "
9	24 30	24 97 1/2	25 65	26 32 1/2	27 "	27 67 1/2	28 35	29 02 1/2	29 70	30 37 1/2
10	27 "	27 75	28 50	29 25	30 "	30 75	31 50	32 25	33 "	33 75
11	29 70	30 52 1/2	31 35	32 17 1/2	33 "	33 82 1/2	34 65	35 47 1/2	36 30	37 12 1/2
12	32 40	33 30	34 20	35 10	36 "	36 90	37 80	38 70	39 60	40 50
13	35 10	36 07 1/2	37 05	38 02 1/2	39 "	39 97 1/2	40 95	41 92 1/2	42 90	43 87 1/2
14	37 80	38 85	39 90	40 95	42 "	43 05	44 10	45 15	46 20	47 25
15	40 50	41 62 1/2	42 75	43 87 1/2	45 "	46 12 1/2	47 25	48 37 1/2	49 50	50 62 1/2
16	43 20	44 40	45 60	46 80	48 "	49 20	50 40	51 60	52 80	54 "
17	45 90	47 17 1/2	48 45	49 72 1/2	51 "	52 27 1/2	53 55	54 82 1/2	56 10	57 37 1/2
18	48 60	49 95	51 30	52 65	54 "	55 35	56 70	58 05	59 40	60 75
19	51 30	52 72 1/2	54 15	55 57 1/2	57 "	58 42 1/2	59 85	61 27 1/2	62 70	64 12 1/2
20	54 "	55 50	57 "	58 50	60 "	61 50	63 "	64 50	66 "	67 50

Taxe des Pains de 6 kilogrammes ou 12 livres.

QUATRIÈME TABLEAU.

Nombres.	A 57 c. ½	A 58 c. ¾	A 60 c.	A 61 c. ¼	A 62 c. ½	A 63 c. ¾	A 65 c.	A 66 c. ¼	A 67 c. ½	A 68 c. ¾
1	3 45	3 52½	3 60	3 67½	3 75	3 82½	3 90	3 97½	4 05	4 12½
2	6 90	7 05	7 20	7 35	7 50	7 65	7 80	7 95	8 10	8 25
3	10 35	10 57½	10 80	11 02½	11 25	11 47½	11 70	11 92½	12 15	12 37½
4	13 80	14 10	14 40	14 70	15 〃	15 30	15 60	15 90	16 20	16 50
5	17 25	17 62½	18 〃	18 37½	18 75	19 12½	19 50	19 87½	20 25	20 62½
6	20 70	21 15	21 60	22 05	22 50	22 95	23 40	23 85	24 30	24 75
7	24 15	24 67½	25 20	25 72½	26 25	26 77½	27 30	27 82½	28 35	28 87½
8	27 60	28 20	28 80	29 40	30 〃	30 66	31 20	31 80	32 40	33 〃
9	31 05	31 72½	32 40	33 07½	33 75	34 42½	35 10	35 77½	36 45	37 12½
10	34 50	35 25	36 〃	36 75	37 50	38 25	39 〃	39 75	40 50	41 25
11	37 95	38 77½	39 60	40 42½	41 25	42 07½	42 90	43 72½	44 55	45 37½
12	41 40	42 30	43 20	44 10	45 〃	45 90	46 80	47 70	48 60	49 50
13	44 85	45 82½	46 80	47 77½	48 75	49 72½	50 70	51 67½	52 65	53 62½
14	48 30	49 35	50 40	51 45	52 50	53 55	54 60	55 65	56 70	57 75
15	51 75	52 87½	54 〃	55 12½	56 25	57 37½	58 50	59 62½	60 75	61 87½
16	55 20	56 40	57 60	58 80	60 〃	61 20	62 40	63 60	64 80	66 〃
17	58 65	59 92½	61 20	62 47½	63 75	65 02½	66 30	67 57½	68 85	70 12½
18	62 10	63 45	64 80	66 15	67 50	68 85	70 20	71 55	72 90	74 25
19	65 55	66 97½	68 40	69 82½	71 25	72 67½	74 10	75 52½	76 95	78 37½
20	69 〃	70 50	72 〃	73 50	75 〃	76 50	78 〃	79 50	81 〃	82 50

Taxe des Pains de 8 kilogrammes ou 16 livres.

PREMIER TABLEAU.

Nombres.	A 20 c.	A 21 c. 1/4	A 22 c. 1/2	A 23 c. 3/4	A 25 c.	A 26 c. 1/4	A 27 c. 1/2	A 28 c. 3/4	A 30 c.	A 31 c. 1/4
1	1 60	1 70	1 80	1 90	2 〃	2 10	2 20	2 30	2 40	2 50
2	3 20	3 40	3 60	3 80	4 〃	4 20	4 40	4 60	4 80	5 〃
3	4 80	5 10	5 40	5 70	6 〃	6 30	6 60	6 90	7 20	7 50
4	6 40	6 80	7 20	7 60	8 〃	8 40	8 80	9 20	9 60	10 〃
5	8 〃	8 50	9 〃	9 50	10 〃	10 50	11 〃	11 50	12 〃	12 50
6	9 60	10 20	10 80	11 40	12 〃	12 60	13 20	13 80	14 40	15 〃
7	11 20	11 90	12 60	13 30	14 〃	14 70	15 40	16 10	16 80	17 50
8	12 80	13 60	14 40	15 20	16 〃	16 80	17 60	18 40	19 20	20 〃
9	14 40	15 30	16 20	17 10	18 〃	18 90	19 80	20 70	21 60	22 50
10	16 〃	17 〃	18 〃	19 〃	20 〃	21 〃	22 〃	23 〃	24 〃	25 〃
11	17 60	18 70	19 80	20 90	22 〃	23 10	24 20	25 30	26 40	27 50
12	19 20	20 40	21 60	22 80	24 〃	25 20	26 40	27 60	28 80	30 〃
13	20 80	22 10	23 40	24 70	26 〃	27 30	28 60	29 90	31 20	32 50
14	22 40	23 80	25 20	26 60	28 〃	29 40	30 80	32 20	33 60	35 »
15	24 〃	25 50	27 〃	28 50	30 〃	31 50	33 〃	34 50	36 〃	37 50
16	25 60	27 20	28 80	30 40	32 〃	33 60	35 20	36 80	38 40	40 〃
17	27 20	28 90	30 60	32 30	34 〃	35 70	37 40	39 10	40 80	42 50
18	28 80	30 60	32 40	34 20	36 〃	37 80	39 60	41 40	43 20	45 〃
19	30 40	32 30	34 20	36 10	38 〃	39 90	41 80	43 70	45 60	47 50
20	32 〃	34 〃	36 〃	38 〃	40 〃	42 〃	44 〃	46 〃	48 〃	50 〃

Taxe des Pains de 8 kilogrammes ou 16 livres.

SECOND TABLEAU.

Nombres.	A 32 c. 1/2	A 33 c. 3/4	A 35 c.	A 36 c. 1/4	A 37 c. 1/2	A 38 c. 3/4	A 40 c.	A 41 c. 1/4	A 42 c. 1/2	A 43 c. 3/4
1	2 60	2 70	2 80	2 90	3 ″	3 10	3 20	3 30	3 40	3 50
2	5 20	5 40	5 60	5 80	6 ″	6 20	6 40	6 60	6 80	7 ″
3	7 80	8 10	8 40	8 70	9 ″	9 30	9 60	9 90	10 20	10 50
4	10 40	10 80	11 20	11 60	12 ″	12 40	12 80	13 20	13 60	14 ″
5	13 ″	13 50	14 ″	14 50	15 ″	15 50	16 ″	16 50	17 ″	17 50
6	15 60	16 20	16 80	17 40	18 ″	18 60	19 20	19 80	20 40	21 ″
7	18 20	18 90	19 60	20 30	21 ″	21 70	22 40	23 10	23 80	24 50
8	20 80	21 60	22 40	23 20	24 ″	24 80	25 60	26 40	27 20	28 ″
9	23 40	24 30	25 20	26 10	27 ″	27 90	28 80	29 70	30 60	31 50
10	26 ″	27 ″	28 ″	29 ″	30 ″	31 ″	32 ″	33 ″	34 ″	35 ″
11	28 60	29 70	30 80	31 90	33 ″	34 10	35 20	36 30	37 40	38 50
12	31 20	32 40	33 60	34 80	36 ″	37 20	38 40	39 60	40 80	42 ″
13	33 80	35 10	36 40	37 70	39 ″	40 30	41 60	42 90	44 20	45 50
14	36 40	37 80	39 20	40 60	42 ″	43 40	44 80	46 20	47 60	49 ″
15	39 ″	40 50	42 ″	43 50	45 ″	46 50	48 ″	49 50	51 ″	52 50
16	41 60	43 20	44 80	46 40	48 ″	49 60	51 20	52 80	54 40	56 ″
17	44 20	45 90	47 60	49 30	51 ″	52 70	54 40	56 10	57 80	59 50
18	46 80	48 60	50 40	52 20	54 ″	55 80	57 60	59 40	61 20	63 ″
19	49 40	51 30	53 20	55 10	57 ″	58 90	60 80	62 70	64 60	66 50
20	52 ″	54 ″	56 ″	58 ″	60 ″	62 ″	64 ″	66 ″	68 ″	70 ″

[illegible]

Taxe des Pains de 8 kilogrammes ou 16 livres.

TROISIÈME TABLEAU.

Nombres.	A 45 c.	A 46 c. 1/4	A 47 c. 1/2	A 48 c. 3/4	A 50 c.	A 51 c. 1/4	A 52 c. 1/2	A 53 c. 3/4	A 55 c.	A [illegible]
1	3 60	3 70	3 80	3 90	4 〃	4 10	4 20	4 30	4 40	[illegible]
2	7 20	7 40	7 60	7 80	8 〃	8 20	8 40	8 60	8 80	9 [illegible]
3	10 80	11 10	11 40	11 70	12 〃	12 30	12 60	12 90	13 20	13 50
4	14 40	14 80	15 20	15 60	16 〃	16 40	16 80	17 20	17 60	18 〃
5	18 〃	18 50	19 〃	19 50	20 〃	20 50	21 〃	21 50	22 〃	22 50
6	21 60	22 20	22 80	23 40	24 〃	24 60	25 20	25 80	26 40	27 〃
7	25 20	25 90	26 60	27 30	28 〃	28 70	29 40	30 10	30 80	31 50
8	28 80	29 60	30 40	31 20	32 〃	32 80	33 60	34 40	35 20	36 »
9	32 40	33 30	34 20	35 10	36 〃	36 90	37 80	38 70	39 60	40 50
10	36 〃	37 〃	38 〃	39 〃	40 〃	41 〃	42 〃	43 〃	44 〃	45 〃
11	39 60	40 70	41 80	42 90	44 〃	45 10	46 20	47 30	48 40	49 50
12	43 20	44 40	45 60	46 80	48 〃	49 20	50 40	51 60	52 80	54 〃
13	46 80	48 10	49 40	50 70	52 〃	53 30	54 60	55 90	57 20	58 50
14	50 40	51 80	53 20	54 60	56 〃	57 40	58 80	60 20	61 60	63 〃
15	54 〃	55 50	57 〃	58 50	60 〃	61 50	63 〃	64 50	66 〃	67 50
16	57 60	59 20	60 80	62 40	64 〃	65 60	67 20	68 80	70 40	72 〃
17	61 20	62 90	64 60	66 30	68 〃	69 70	71 40	73 10	74 80	76 50
18	64 80	66 60	68 40	70 20	72 〃	73 80	75 60	77 40	79 20	81 〃
19	68 40	70 30	72 20	74 10	76 〃	77 90	79 80	81 70	83 60	85 50
20	72 〃	74 〃	76 〃	78 〃	80 〃	82 〃	84 〃	86 〃	88 〃	90 〃

Taxe des Pains de 8 kilogrammes ou 16 livres.

QUATRIÈME TABLEAU.

Nombres.	A 57 c. ½	A 58 c. ¾	A 60 c.	A 61 c. ¼	A 62 c. ½	A 63 c. ¾	A 65 c.	A 66 c. ¼	A 67 c. ½	A 68 c. ¾
1	4 60	4 70	4 80	4 90	5 ″	5 10	5 20	5 30	5 40	5 50
2	9 20	9 40	9 60	9 80	10 ″	10 20	10 40	10 60	10 80	11 ″
3	13 80	14 10	14 40	14 70	15 ″	15 30	15 60	15 90	16 20	16 50
4	18 40	18 80	19 20	19 60	20 ″	20 40	20 80	21 20	21 60	22 ″
5	23 ″	23 50	24 ″	24 50	25 ″	25 50	26 ″	26 50	27 ″	27 50
6	27 60	28 20	28 80	29 40	30 ″	30 60	31 20	31 80	32 40	33 ″
7	32 20	32 90	33 60	34 30	35 ″	35 70	36 40	37 10	37 80	38 50
8	36 80	37 60	38 40	39 20	40 ″	40 80	41 60	42 40	43 20	44 ″
9	41 40	42 30	43 20	44 10	45 ″	45 90	46 80	47 70	48 60	49 50
10	46 ″	47 ″	48 ″	49 ″	50 ″	51 ″	52 ″	53 ″	54 ″	55 ″
11	50 60	51 70	52 80	53 90	55 ″	56 10	57 20	58 30	59 40	60 50
12	55 20	56 40	57 60	58 80	60 ″	61 20	62 40	63 60	64 80	66 ″
13	59 80	61 10	62 40	63 70	65 ″	66 30	67 60	68 90	70 20	71 50
14	64 40	65 80	67 20	68 60	70 ″	71 40	72 80	74 20	75 60	77 ″
15	69 ″	70 50	72 ″	73 50	75 ″	76 50	78 ″	79 50	81 ″	82 50
16	73 60	75 20	76 80	78 40	80 ″	81 60	83 20	84 80	86 40	88 ″
17	78 20	79 90	81 60	83 30	85 ″	86 70	88 40	90 10	91 80	93 50
18	82 80	84 60	86 40	88 20	90 ″	91 80	93 60	95 40	97 20	99 ″
19	87 40	89 30	91 20	93 10	95 ″	96 90	98 80	100 70	102 60	104 50
20	92 [illegible]	94 ″	96 ″	98 ″	100 ″	102 ″	104 ″	106 ″	108 ″	110 ″

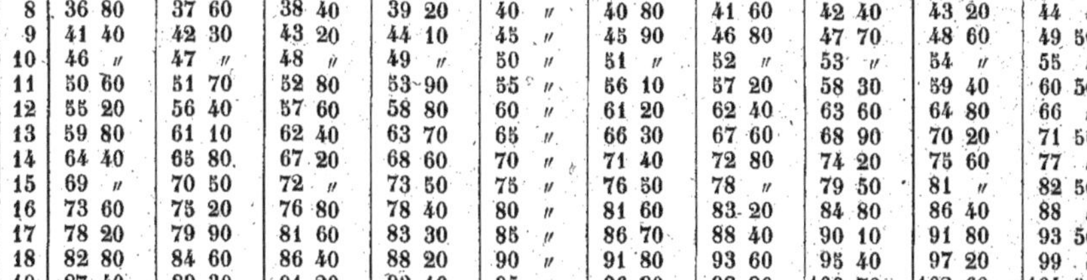

www.ingramcontent.com/pod-product-compliance
Lightning Source LLC
Chambersburg PA
CBHW061242060726
47596CB00002B/401
* 9 7 8 2 0 1 3 7 2 8 7 6 8 *